だれにでもすぐに使える会話表現720フレーズ

新 ゼロからスタート 中国語会話

音声
ダウンロード
付

基本フレーズ
720

王 丹
Wang Dan

謝謝

Jリサーチ出版

はじめに

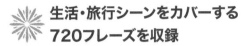

生活・旅行シーンをカバーする 720フレーズを収録

　本書は、中国語の日常会話でよく使う厳選720フレーズを収録したものです。11章・90ユニットで構成されていて、「あいさつ」から、「毎日の生活」「気持ちを伝える」「食事をする」「ショッピング」「電話・SNS」「観光する」まで、生活・旅行のほぼすべての場面で必要不可欠な会話フレーズをカバーしています。実用的で、即戦力になる心強い1冊です。

シンプルなフレーズで覚えやすく、 使いやすい

　本書に収録する会話フレーズは、シンプルで短いものがほとんどです。中国語の初心者の方にも気軽に利用していただくために、すべてのフレーズに中国語発音のピンインのほかに、カタカナ発音を付けています。

　各ユニットには「表現のポイント」というコーナーがあり、会話フレーズを話すうえで重要なポイント、発音の注意点、文法の知識などをシンプルに解説しています。また、今時の中国の社会現象を表す新しい言葉も紹介していますので、勉強のかたわら楽しんでください。

　各ユニットは左ページに「日本語訳」、右ページに「中国語フレーズ」という構成になっているので、日本語を見ながら中国語を話す「日→中会話練習」をすることもできます。日本語から、必要とする会話フレーズを検索することも容易です。

「中国語の基本ルール」を知っておこう

　中国語ビギナーの方のために、会話フレーズが始まる前に「中国語の基本ルール」というコーナーを設けています。中国語の発音（ピンインと声調）、文のしくみ、人称代名詞など、だれもが知っておくべき基礎知識を紹介しています。これらを習得した上で学習を進めると、よりスムーズに会話フレーズを身につけることができるでしょう。

 ## スマホに音声を入れて、
繰り返し聞いてみよう

　音声は無料でダウンロードできるので（10ページ参照）、音声をスマホに入れて、気軽に聞いてみましょう。家にいるときばかりでなく、歩きながら、また電車に乗っている間にも聞きましょう。そして、音声の後に自分で復唱してみましょう。この練習を繰り返していると、歌の歌詞を覚えるように、会話フレーズを自然に身につけることができます。

　それでは、さっそくご自分の興味のあるユニットから始めてみましょう。

著者

目 次

本書の使い方

本書は中国語を話したいという人に必携の会話フレーズ集です。90の
ユニット別に合計720の会話フレーズが収録されています。

会話シーン

生活や旅行における会話シーンを示します。

トラック番号

ダウンロード音声（無料）のトラック番号を示します。ダウンロードの方法については10ページをごらんください。

日本語訳

右ページの中国語フレーズの日本語訳です。日本語を見ながら中国語を話す「日→中会話練習」もできます。必要なフレーズの検索にも便利です。

ヒント

中国語フレーズに使われているキーワード、重要表現を紹介します。

UNIT
1

基本のあいさつ

いつでもどこでも使えるあいさつから覚えていきましょう。どれも短くシンプルな表現なので、簡単に覚えられます。

🎧 1

□ **1** こんにちは。
　▶「好 hǎo」を使う。

□ **2** みなさん、こんにちは。
　▶「你们 nǐ men」：みなさん

□ **3** みなさん、こんにちは。
　▶「大家 dà jiā」：みなさん

□ **4** こんにちは。
　▶丁寧な言い方で。

□ **5** おはようございます。
　▶「安 ān」を使う。

□ **6** おはようございます。
　▶「早上 zǎo shang」：朝

□ **7** こんばんは。
　▶「晚上 wǎn shang」：夜

□ **8** お休みなさい。
　▶「安 ān」を使う。

22

〈日→中会話練習のしかた〉

❶ 日本語の音声の後にポーズがあるので、そこで中国語を言ってみましょう。発音の際にはピンインやカタカナ発音も参考にしてください。

❷ まずテキストを見ながら言ってみて、慣れてきたら音声だけを頼りに日本語に続いて中国語を言ってみましょう。

※ ダウンロード音声は「❶日本語訳→中国語フレーズ」「❷中国語フレーズのみ」の2種類が用意されています。

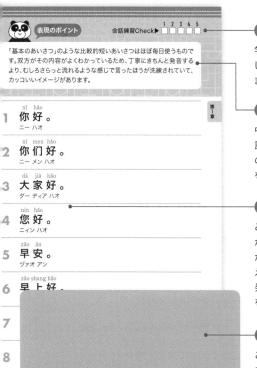

🐼 **表現のポイント**　　　　　　　 1 2 3 4 5
会話練習Check▶ ☐☐☐☐☐

「基本のあいさつ」のような比較的短いあいさつはほぼ毎日使うものです。双方がその内容がよくわかっているため、丁寧にきちんと発音するより、むしろさらっと流れるような感じで言ったほうが洗練されていて、カッコいいイメージがあります。

第1章

1 **你 好 。**
nǐ hǎo
ニー ハオ

2 **你 们 好 。**
nǐ men hǎo
ニー メン ハオ

3 **大 家 好 。**
dà jiā hǎo
ダー チィア ハオ

4 **您 好 。**
nín hǎo
ニィン ハオ

5 **早 安 。**
zǎo ān
ツァオ アン

6 **早 上 好 。**
zǎo shang hǎo

7

8

会話練習チェック

学習したらチェック欄に記入しましょう。5回まで記入できます。

表現のポイント

中国語フレーズの使い方を解説します。表現のしくみや文法の注意点、中国での慣用などをシンプルに紹介しています。

中国語フレーズ

とてもよく使う会話フレーズばかりです。短く、シンプルなものがほとんどなので、そのまま覚えてすぐに使うことができます。発音はピンインとカタカナ発音を併記しています。

目隠しシート

このシートで右ページの中国語を隠して、日本語を見て中国語フレーズを話す会話練習ができます。しおりの代わりとしても利用できます。

音声ダウンロードのしかた

STEP 1 商品ページにアクセス！方法は次の3通り！

1 QRコードを読み取ってアクセス。

2 https://www.jresearch.co.jp/book/b646164.html
を入力してアクセス。

3 Jリサーチ出版のホームページ
(https://www.jresearch.co.jp/)にアクセスして、
「キーワード」に書籍名を入れて検索。

STEP 2 ページ内にある「音声ダウンロード」
ボタンをクリック！

STEP 3 ユーザー名「1001」、パスワード「26219」を入力！

STEP 4 音声の利用方法は2通り！
学習スタイルに合わせた方法でお聞きください！

● 「音声ファイル一括ダウンロード」より、ファイルをダウンロードして聴く。
● 「▶」ボタンを押して、その場で再生して聴く。

※ダウンロードした音声ファイルは、パソコン・スマートフォンなどでお聴きいただくことができます。一括ダウンロードの音声ファイルは.zip形式で圧縮してあります。解凍してご利用ください。ファイルの解凍が上手く出来ない場合は、直接の音声再生も可能です。

≫音声ダウンロードについてのお問合せ先
toiawase@jresearch.co.jp (受付時間：平日9時～18時)

中国語の 基本ルール

会話フレーズに入る前に、中国語の基本ルールを知っておきましょう。まず「四声とピンイン」の基本を覚え、「中国語の文のしくみ」を頭に入れておきましょう。他に、会話で必須の「人称代名詞」「指示代名詞」「家族の呼び方」も紹介します。

❶ 四声とピンイン

≫「ピンイン」とは？

中国語の発音記号を「ピンイン」と呼びます。ピンインは次のようなしくみに
なっています。このしくみを頭に入れて、発音の基礎を学んでください。

≫四声とは？

四声とは中国語の音の高低アクセントのことで、中国語発音の第一歩です。

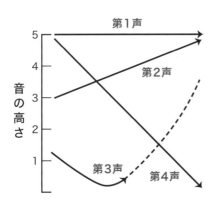

第1声 (高く平らにのばす)			
mā	(妈)	→	母

第2声 (急激に上げる)			
má	(麻)	→	麻

第3声 (低く抑える)			
mǎ	(马)	→	馬

第4声 (急激に下げる)			
mà	(骂)	→	叱る

解説

① 「四声」とは4種類の「声調」のことを指します。

② 第何声であるかを示すマークを「声調符号」と言います。

③ 第1声から第4声まで mā má mǎ mà のように母音の上に付けます。

④ 軽く短く発音される「軽声」もありますが、軽声は声調符号を付けません。

≫声調の組み合わせ

	第1声	第2声	第3声	第4声	軽声
第1声	→ →	→ ↗	→ ↘	→ ↘	→ •
第2声	↗ →	↗ ↗	↗ ↘	↗ ↘	↗ •
第3声	↘ →	↘ ↗	↘ ↘	↘ ↘	↘ •
第4声	↘ →	↘ ↗	↘ ↘	↘ ↘	↘ •

❷ 中国語の文のしくみ

中国語の文は語順が大切です。本書の会話フレーズでよく使われる文の形を知っておきましょう。

≫ 文のタイプ1

| 名詞 ＋ 是 ＋ 名詞 | ～は～だ |

▶動詞の「是」は「～は～だ」の意味で、左右がイコールであることを表します。

（自分のことを話す）

| 我是 ＋ 名前・職業・出身地・国籍・肩書等 |

我是**日本人**。　　（私は日本人です）
我是**医生**。　　（私は医者です）
我是**独生子**。　　（私は一人っ子です）

・「是」を「不是」に変えることで否定になります。
・「吗?」を文末に付け加えることで疑問になります。

（人を紹介する）

| 这是 ＋ 名前・職業・出身地・肩書等 |

这是**我女朋友**。　　（こちらは私の彼女です）
这是**我闺蜜**。　　（こちらは私の大親友です）

（人を紹介する）丁寧な言い方

| 这位是 ＋ 名前・職業・出身地・肩書等 |

这位是**高桥先生**。　　（こちらは高橋さんです）

（モノについて話す）単数の場合

> 这是 ＋ 物の名前・性質・機能等

这是说明书。 （これは説明書です）

这是我的手机号码。 （これは私の携帯番号です）

（モノについて話す）複数の場合

> 这些是 ＋ 物の名前・性質・機能等

这些是手工做的。 （これらは手作りのものです）

（モノについて質問する）

> 这是 ＋ 物の名前・性質・機能等 ＋ 吗？

这是全毛的吗？ （これはウール100％ですか）

这是今年的新款吗？ （これは今年の新作ですか）

・複数も同様の形です。

≫ 文のタイプ2

> 名詞 ＋ 有 ＋ 名詞 ～を持っている、～がある

▶動詞の「有」は「～を持っている、～がいる、～がある」という意味です。
主語の名詞は人や場所、目的語の名詞は人やモノになります。

> 人 ＋ 有 ＋ 人 ～を持っている

我有一个女孩儿。 （私は娘が一人います）

他有很多粉丝。 （彼は多くのファンがいます）

・「有」を「没有」に変えることで否定になります。
・「吗？」を文末に付け加えることで疑問になります。

15

| 人 + 有 + モノ | 〜を持っている |

我有意见。 　　　　　（私は意見があります）
我有发票。 　　　　　（私はレシートを持っています）

| 場所 + 有 + モノ | 〜に〜がある |

附近有一家咖啡厅。 　（近くに喫茶店があります）
有空座位吗? 　　　（[ここに]空いている席がありますか）

・「**有**」の前の場所を省略する場合には「ここ」を指します。
・否定と疑問は他の文と同じです。

≫ 文のタイプ3

| 人 + 動詞 + 目的語 | 〜は〜をする |

▶普通の動詞を使ったいちばん基本的な文です。

我爱你。 　　　　　（私はあなたを愛しています）
我带饭。 　　　　　（私はご飯を持って行きます）

≫ 文のタイプ4

| 人 + 想 + 動詞 + 目的語 | 〜は〜をしたい |

▶動詞の前に「想」を置けば、「〜したい」という望みを表せます。

我想换别的颜色。 　　（私は他の色に換えたいです）
我想买一点儿礼品。 　（私は少しお土産を買いたいです）

≫ 文のタイプ5

| 人・物・事柄 + 副詞 + 形容詞 | ~は~だ（肯定文）

▶中国語の形容詞の使い方は少し複雑です。まず基本を押さえておきましょう。

我很满意。　　　　　　（私は満足しています）
今天天气**真**好。　　　（今日本当に良い天気です）
冬天非常干燥。　　　　（冬は非常に乾燥します）
昨天特别冷。　　　　　（昨日は特別に寒かったです）

・肯定文は形容詞の前に必ず「副詞」が必要です。
・よく使われる副詞は「**很**」（とても）、「**真**」（本当に）、「**非常**」（非常に）、「**特别**」（特別に）など。

| 人・物・事柄 + 不 + 形容詞 | ~は~ではない（否定文）

我不满意。　　　　　　（私は満足していません）

| 人・物・事柄 + 形容詞 + 吗？ | ~は~ですか（疑問文）

冬天干燥**吗?**　　　　　（冬は乾燥しますか）

| 人・物・事柄 + 太 + 形容詞 + 了 | ~はすごく~だ（肯定文）

我太伤心**了**。　　　　　（私はすごく心が痛みます）

| 人・物・事柄 + 不太 + 形容詞 | ~はあまり~ではない
　　　　　　　　　　　　　　　　　（否定文）

我心情**不太**好。　　　　（私はあまり機嫌がよくありません）

・否定文は「**了**」がなくなることに注意しましょう。

17

❸ 人称代名詞

「私」「あなた」「彼」「彼女」などを表す言葉を人称代名詞と言います。

wǒ
我 私
ウオ

wǒ men
我们 私たち
ウオ メン

zán men
咱们 私たち
ヅァン メン

▶「**我们**」と「**咱们**」は同じ意味ですが、「**咱们**」は自分と相手双方を含む、親しみを感じさせる言い方です。

nǐ
你 あなた
ニー

nǐ men
你们 あなたたち
ニー メン

nín
您 あなた
ニィン

nín men
您们 あなた方
ニィン メン

▶「**您**」は「**你**」の敬称です。目上や年配の人に使います。

tā
他 彼
ター

tā men
他们 彼ら
ター メン

tā
她 彼女
ター

tā men
她们 彼女たち
ター メン

tā
它 これ、それ、あれ
ター

tā men
它们 これら、それら、あれら
ター メン

▶人間以外の物・事に使います。

dà jiā
大家 みんな、みなさん
ダー ヂィア

zì jǐ
自己 自分、自分自身
ツー ヂー

bié rén
别人 他人、他の人
ビエ レン

shéi / shuí
谁 だれ
シェイ / シゥイ

❹ 指示代名詞

「これ」「あれ」「ここ」「あそこ」などを表す言葉を指示代名詞と言います。

zhè / zhèi
这 これ
ヂァー / ヂェイ

zhè ge / zhèi ge
这个 これ
ヂァー ガ / ヂェイ ガ

nà / nèi
那 それ、あれ
ナー / ネイ

nà ge / nèi ge
那个 それ、あれ
ナー ガ / ネイ ガ

nǎ / něi
哪 どれ
ナー / ネイ

nǎ ge / něi ge
哪个 どれ
ナー ガ / ネイ ガ

zhè xiē / zhèi xiē
这些 これら
ヂァー シィエ / ヂェイ シィエ

nà xiē / nèi xiē
那些 あれら
ナー シィエ / ネイ シィエ

nǎ xiē / něi xiē
哪些 どれ（複数）
ナー シィエ / ネイ シィエ

zhè li / zhèi li
这里 ここ
ヂァー リ / ヂェイ リ

zhèr
这儿 ここ
ヂァール

nà li / nèi li
那里 そこ、あそこ
ナー リ / ネイ リ

nàr
那儿 そこ、あそこ
ナール

nǎ li
哪里 どこ
ナー リ

nǎr
哪儿 どこ
ナール

▶「这里」「那里」「哪里」は、文章を書くときに使う言葉です。
▶「这儿」「那儿」「哪儿」は、会話をするときに使う言葉です。

⑤ 家族の呼び方

爷爷 yé ye
イエ イエ
おじいさん

奶奶 nǎi nai
ナイ ナイ
おばあさん

爸爸 bà ba
バー バ
お父さん

父亲 fù qin
フゥー チン
父親

妈妈 mā ma
マー マ
お母さん

母亲 mǔ qin
ムー チン
母親

▶自分の両親に関しては、人前で自分の両親を言う場合と直接呼びかける場合で、言い方が違います。これはあくまでも両親に限ります。

直接呼びかける	**爸爸 / 妈妈**
人前で言う	**我父亲 / 我母亲**

哥哥 gē ge
ガー ガ
お兄さん

姐姐 jiě jie
ヂィエ ヂィエ
お姉さん

弟弟 dì di
ディー ディ
弟

妹妹 mèi mei
メイ メイ
妹

爱人 ài rén
アイ レン
配偶者（夫 / 妻）

孩子 hái zi
ハイ ヅ
子供

儿子 ér zi
アル ヅ
息子

女儿 nǚ ér
ニュイ アル
娘

第1章

あいさつと
常用フレーズ

🎧 Track **1**〜**7**

基本のあいさつ

いつでもどこでも使えるあいさつ
から覚えていきましょう。どれも短く
シンプルな表現なので、簡単に覚え
られます。

□ **1 こんにちは。**
▶「好 hǎo」を使う。

□ **2 みなさん、こんにちは。**
▶「你们 nǐ men」:みなさん

□ **3 みなさん、こんにちは。**
▶「大家 dà jiā」:みなさん

□ **4 こんにちは。**
▶ 丁寧な言い方で。

□ **5 おはようございます。**
▶「安 ān」を使う。

□ **6 おはようございます。**
▶「早上 zǎo shang」:朝

□ **7 こんばんは。**
▶「晚上 wǎn shang」:夜

□ **8 お休みなさい。**
▶「安 ān」を使う。

「基本のあいさつ」のような比較的短いあいさつはほぼ毎日使うものです。双方がその内容がよくわかっているため、丁寧にきちんと発音するより、むしろさらっと流れるような感じで言ったほうが洗練されていて、カッコいいイメージがあります。

1 nǐ hǎo
你 好 。
ニー ハオ

2 nǐ men hǎo
你 们 好 。
ニー メン ハオ

3 dà jiā hǎo
大 家 好 。
ダー ヂィア ハオ

4 nín hǎo
您 好 。
ニィン ハオ

5 zǎo ān
早 安 。
ヅァオ アン

6 zǎo shang hǎo
早 上 好 。
ヅァオ シァン ハオ

7 wǎn shang hǎo
晚 上 好 。
ウアン シァン ハオ

8 wǎn ān
晚 安 。
ウアン アン

初対面のあいさつ

初対面のあいさつは定番フレーズが中心です。しっかり覚えて、スムーズに口をついて出るようにしておきましょう。

🎧 2

□ **1** お会いできて光栄です。
▶「幸会 xìng huì」を使う。

□ **2** お会いできて、私は嬉しいです。
▶「高兴 gāo xìng」：うれしい

□ **3** はじめまして、どうぞよろしくお願いします。
▶「初次 chū cì」：はじめて 「关照 guān zhào」：面倒を見る

□ **4** こちらこそよろしくお願いします。
▶「也 yě」：〜も

□ **5** はじめまして、ご指導をよろしくお願いします。
▶「指教 zhǐ jiào」：指導する

□ **6** ご紹介します。こちらは李さん（男性）です。
▶「介绍 jiè shào」：紹介する 「这位 zhè wèi」：こちら（は）

□ **7** こちらは高橋さん（男性）です。
▶「先生 xiān sheng」：〜さん（男性）

□ **8** こちらは張さん（女性）です。
▶「女士 nǚ shì」：〜さん（女性）

表現のポイント　　会話練習Check▶

人に与える印象を左右する「初対面のあいさつ」は非常に大切です。相手と握手しながら、ややゆっくりめにしっかりと発音するように心がけましょう。

1
xìng huì xìng huì
幸会幸会。
シィン ホゥイ シィン ホゥイ

2
jiàn dào nǐ wǒ hěn gāo xìng
见到你我很高兴。
ヂィエン ダオ ニー ウオ ヘン ガオ シィン

3
chū cì jiàn miàn qǐng duō guān zhào
初次见面,请多关照。
チゥー ツー ヂィエン ミィエン チィン ドゥオ グゥアン ヂャオ

4
yě qǐng nǐ duō guān zhào
也请你多关照。
イエ チィン ニー ドゥオ グゥアン ヂャオ

5
chū cì jiàn miàn qǐng duō zhǐ jiào
初次见面,请多指教。
チゥー ツー ヂィエン ミィエン チィン ドゥオ ヂー ヂィアオ

6
jiè shào yí xià zhè wèi shì lǐ xiān sheng
介绍一下,这位是李先生。
ヂィエ シァオ イー シィア ヂァー ウエイ シー リー シィエン ション

7
zhè wèi shì gāo qiáo xiān sheng
这位是高桥先生。
ヂァー ウエイ シー ガオ チィアオ シィエン ション

8
zhè wèi shì zhāng nǚ shì
这位是张女士。
ヂァー ウエイ シー ヂャン ニュイ シー

隣人とのあいさつ

近隣の顔見知りの人とのあいさつ
には、いろいろなパターンが考えら
れます。声をかけること、そのものが
あいさつになります。

□ 1
お出かけですか。
▶「出去 chū qu」：出かける

□ 2
お仕事ですか。
▶「上班 shàng bān」：出勤する

□ 3
買い物ですか。
▶「买东西 mǎi dōng xi」：買い物をする

□ 4
何をしに行くのですか。
▶「干 gàn」：する

□ 5
どこに行くのですか。
▶「哪儿 nǎr」：どこ(に)

□ 6
お帰りですか。
▶「回来 huí lai」：帰宅する

□ 7
仕事の帰りですか。
▶「下班 xià bān」：帰社する

□ 8
では、また。
▶「回头 huí tóu」：後で

日本では黙って会釈するだけでもあいさつの代わりになります。対して、中国では、あいさつの内容はともかく、相手に声をかける、または相手の声かけに言葉で返すのがあいさつとされます。

1
chū qu a
出 去 啊 ？
チゥー チュイ ア

2
shàng bān a
上 班 啊 ？
シァン バン ア

3
mǎi dōng xi qu a
买 东 西 去 啊 ？
マイ ドゥン シ チュイ ア

4
gàn shén me qu a
干 什 么 去 啊 ？
ガン シェン マ チュイ ア

5
shàng nǎr qu a
上 哪 儿 去 啊 ？
シァン ナール チュイ ア

6
huí lai le
回 来 了 ？
ホゥイ ライ ラ

7
xià bān le
下 班 了 ？
シィア バン ラ

8
huí tóu jiàn
回 头 见 。
ホゥイ トウ ヂィエン

久しぶりに会う

久しぶりに会った友人・知人とは決まったやりとりで会話を始めます。定型フレーズやよく使う表現を覚えておきましょう。

♪4

□ **1** お久しぶりです。
　　▶「好久 hǎo jiǔ」：久しく

□ **2** お久しぶりです。
　　▶「没见了 méi jiàn le」：会っていない

□ **3** ここであなたに会えるとは思いませんでした。
　　▶「碰上 pèng shang」：出会う

□ **4** 私たちは何年ぶりかしら？
　　▶「几年 jǐ nián」：何年

□ **5** 私たちは3、4年ぶりですね。

□ **6** 田中さんではありませんか。
　　▶「这不是～吗? zhè bu shì ～ ma」：これは～ではないですか

□ **7** あなたはお変わりありませんね。
　　▶「老样子 lǎo yàng zi」：昔のまま

□ **8** 相変わらずお若いですね。
　　▶「年轻 nián qīng」：若い

「见」は「会う」という意味です。久しぶりに会った人とあいさつを交わすときには「见」の発音を意識してやや強めに発音してみましょう。

第1章

1
hǎo jiǔ bú jiàn le
好久不见了。
ハオ ヂィウ ブー ヂィエン ラ

2
hǎo jiǔ méi jiàn le
好久没见了。
ハオ ヂィウ メイ ヂィエン ラ

3
méi xiǎng dào zài zhèr pèng shang nǐ
没想到在这儿碰上你。
メイ シィアン ダオ ヅァイ ヂァール ペン シァン ニー

4
wǒ men jǐ nián méi jiàn le
我们几年没见了？
ウオ メン ヂー ニィエン メイ ヂィエン ラ

5
wǒ men sān sì nián méi jiàn le ba
我们三,四年没见了吧。
ウオ メン サン スー ニィエン メイ ヂィエン ラ バ

6
zhè bu shì tián zhōng xiān sheng ma
这不是田中先生吗？
ヂァー ブー シー ティエン ヂォン シィエン ション マ

7
nǐ hái shi lǎo yàng zi
你还是老样子。
ニー ハイ シ ラオ ヤン ヅ

8
nǐ hái shi nà me nián qīng
你还是那么年轻。
ニー ハイ シ ナー マ ニィエン チン

29

近況をたずねる

近況を聞くときにも決まった表現が多いです。どんな表現を使うかを考えながら練習しましょう。

□ **1** **お元気ですか。**
▶「身体 shēn tǐ」(身体)を使う。

□ **2** **ありがとう。私は元気です。あなたは？**
▶「很好 hěn hǎo」：よい、元気だ

□ **3** **ありがとう。私も元気です。**

□ **4** **最近はどうですか。**
▶「怎么样? zěn me yàng」：どうですか

□ **5** **最近は忙しいですか。**
▶「忙 máng」：忙しい

□ **6** **まあまあですね。**
▶「可以 kě yǐ」：まあまあ

□ **7** **ご家族はお元気ですか。**
▶「家里人 jiā li rén」：家族

□ **8** **おかげさまで、みんな元気です。**
▶「托你的福 tuō nǐ de fú」：おかげさまで

表現のポイント

「**你身体好吗?**」(お元気ですか)と「**你最近怎么样?**」(最近どうですか)は日常生活においてよく使う思いやりのあるあいさつなので、必要なときに瞬時に言えるように覚えておきましょう。「**你**」の代わりに他の人の名前に置き換えて使えます。

1
nǐ shēn tǐ hǎo ma
你 身 体 好 吗?
ニー シェン ティー ハオ マ

2
xiè xie wǒ hěn hǎo nǐ ne
谢 谢 , 我 很 好 。你 呢?
シィエ シィエ ウオ ヘン ハオ ニー ナ

3
xiè xie wǒ yě hěn hǎo
谢 谢 , 我 也 很 好 。
シィエ シィエ ウオ イエ ヘン ハオ

4
nǐ zuì jìn zěn me yàng
你 最 近 怎 么 样?
ニー ヅゥイ ヂィン ヅェン マ ヤン

5
nǐ zuì jǐn máng bu máng
你 最 近 忙 不 忙?
ニー ヅゥイ ヂィン マン ブー マン

6
hái kě yǐ
还 可 以 。
ハイ カー イー

7
jiā li rén dōu hǎo ma
家 里 人 都 好 吗?
ヂィア リ レン ドウ ハオ マ

8
tuō nǐ de fú dōu hěn hǎo
托 你 的 福 , 都 很 好 。
トゥオ ニー ダ フゥー ドウ ヘン ハオ

別れのあいさつ

別れのあいさつは短いフレーズが中心です。何パターンか覚えておいて、場面に応じて使い分けましょう。

□ **1**
さようなら。
▶「再见 zài jiàn」：さようなら

□ **2**
バイバイ。
▶「拜拜 bái bái」：バイバイ

□ **3**
また、明日。
▶「明天 míng tiān」：明日

□ **4**
気をつけてお帰りください。
▶「慢走 màn zǒu」：ゆっくり歩く

□ **5**
お先に失礼します。
▶「先走 xiān zǒu」：先に行く

□ **6**
お身体をお大事に。
▶「保重 bǎo zhòng」：身体に注意する

□ **7**
道中ご無事でありますように。
▶「平安 píng ān」：無事

□ **8**
楽しい旅でありますように。
▶「愉快 yú kuài」：楽しい

「再见」は「再び会いましょう」という意味ですが、もし、次に会う日にち などをあえて言う場合は「日にち＋见」という形になります。「単語コラ ム①」（p.36）の単語を使ってぜひ応用してみましょう。

1
zài jiàn
再 见 。
ヅァイ ヂィエン

2
bái bái
拜 拜 。
バイ バイ

3
míng tiān jiàn
明 天 见 。
ミィン チィエン ヂィエン

4
qǐng màn zǒu
请 慢 走 。
チィン マン ヅォウ

5
wǒ xiān zǒu le
我 先 走 了 。
ウオ シィエン ヅォウ ラ

6
qǐng duō bǎo zhòng
请 多 保 重 。
チィン ドゥオ バオ ヂォン

7
zhù nǐ yí lù píng ān
祝 你 一 路 平 安 。
ヂゥー ニー イー ルー ピィン アン

8
zhù nǐ lǚ tú yú kuài
祝 你 旅 途 愉 快 。
ヂゥー ニー リュイ トゥー ユイ クゥアイ

お祝いをする

中国語のお祝いの言い方は多彩です。
場面に応じて、適切な表現を使うよう
にしましょう。代表的なフレーズを覚
えておきましょう。

□ **1** おめでとうございます。

▶「恭喜 gōng xǐ」(おめでとう)を使う。

□ **2** 商売ますます繁盛。

▶「发财 fā cái」(もうかる)を使う。

□ **3** 明けましておめでとうございます。

▶「新年 xīn nián」を使う。

□ **4** お誕生日、おめでとう。

▶「生日 shēng rì」:誕生日

□ **5** ずっと長生きしてください。

▶「长命百岁 cháng mìng bǎi suì」:長生きする

□ **6** 皆様のご幸福を祈ります。

▶「幸福 xìng fú」を使う。

□ **7** ご健康でありますように。

▶「身体 shēn tǐ」を使う。

□ **8** 万事が望み通りになりますように。

▶「如意 rú yì」:望み通り

日本でお祝いの言葉としてよく使うのは「〇〇、おめでとうございます」です。しかし、中国語には、こうした万能な言葉がなく、「**恭喜你**」（おめでとうございます）、「**生日快乐**」（お誕生日おめでとう）など、相手の状況に応じてお祝いの言葉を使い分けるのが特徴です。

1
gōng xǐ nǐ
恭 喜 你 。
ゴゥン シー ニー

2
gōng xǐ fā cái
恭 喜 发 财 。
ゴゥン シー ファー ツァイ

3
xīn nián hǎo
新 年 好 。
シィン ニィエン ハオ

4
shēng rì kuài le
生 日 快 乐 。
ション リー クゥアイ ラ

5
zhù nǐ cháng mìng bǎi suì
祝 你 长 命 百 岁 。
ヂゥー ニー チァン ミィン バイ スゥイ

6
zhù nǐ men xìng fú
祝 你 们 幸 福 。
ヂゥー ニー メン シィン フゥー

7
zhù nǐ shēn tǐ jiàn kāng
祝 你 身 体 健 康 。
ヂゥー ニー シェン ティー ヂィエン カン

8
zhù nǐ wàn shì rú yì
祝 你 万 事 如 意 。
ヂゥー ニー ウアン シー ルゥー イー

第1章

35

単語コラム❶

曜日

☐ **星期一** xīng qī yī — 月曜日
シィン チー イー

☐ **星期二** xīng qī èr — 火曜日
シィン チー アル

☐ **星期三** xīng qī sān — 水曜日
シィン チー サン

☐ **星期四** xīng qī sì — 木曜日
シィン チー スー

☐ **星期五** xīng qī wǔ — 金曜日
シィン チー ウー

☐ **星期六** xīng qī liù — 土曜日
シィン チー リウ

☐ **星期日** xīng qī rì — 日曜日
シィン チー リー

☐ **星期天** xīng qī tiān — 日曜日
シィン チー ティエン

☐ **星期几** xīng qī jǐ — 何曜日
シィン チー ヂー

数字の言い方

11〜99までは、1〜10の数字をそのまま並べるだけで表せます。

☐
líng	yī	èr	sān	sì	wǔ
0	**1**	**2**	**3**	**4**	**5**
リン	イー	アル	サン	スー	ウー

☐
liù	qī	bā	jiǔ	shí
6	**7**	**8**	**9**	**10**
リウ	チー	バー	ヂィウ	シー

☐
shí yī	shí èr	shí sān	èr shí
11	**12**	**13**	**20**
シー イー	シー アル	シー サン	アル シー

☐
èr shi wǔ	qī shi bā	jiǔ shi jiǔ	yì bǎi
25	**78**	**99**	**100**
アル シ ウー	チー シ バー	ヂィウ シ ヂィウ	イー バイ

Track **8** 〜 **17**

感謝する

感謝するフレーズは、返答のフレーズと一緒に覚えておきましょう。簡単なものばかりです。

□ **1** ## ありがとうございます。

▶「谢谢 xiè xie」：ありがとう

□ **2** ## ありがとうございます。

▶「多 duō」：たいへん

□ **3** ## とても感謝しています。

▶「感谢 gǎn xiè」：感謝する

□ **4** ## どういたしまして。

▶「不 bú」で否定する。

□ **5** ## どういたしまして。

▶「客气 kè qi」：遠慮する、気を遣う

□ **6** ## どういたしまして。

▶「别 bié」（〜しないで）を使う。

□ **7** ## 遠慮なさらないでください。

▶「太〜了 tài 〜 le」を使う。

□ **8** ## とんでもありません。

▶「哪儿 nǎr」を使う。

「谢 xiè」を発音する際に、まず第四声であることを意識して、しっかりと声調が下がるように発音してみましょう。また、舌の先を下の歯の後ろに軽く付けて、息が歯と歯の間を勢いよく通るように発音しましょう。

1
xiè xie
谢 谢。
シィエ シィエ

2
duō xiè
多 谢。
ドゥオ シィエ

3
fēi cháng gǎn xiè
非 常 感 谢。
フェイ チャン ガン シィエ

4
bú xiè
不 谢。
ブー シィエ

5
bú kè qi
不 客 气。
ブー カー チ

6
bié kè qi
别 客 气。
ビエ カー チ

7
nǐ tài kè qi le
你 太 客 气 了。
ニー タイ カー チ ラ

8
nǎr de huà
哪 儿 的 话。
ナール ダ ホゥア

第2章

39

謝罪する

謝罪のフレーズも何種類かあるので、バリエーションを覚えておくと便利です。返答のフレーズも知っておきましょう。

□ **1** **すみません。**
▶「抱歉 bào qiàn」：申し訳ない

□ **2** **すみません。**
▶「対不起 duì bu qǐ」：すみません

□ **3** **ご迷惑をおかけしました。**
▶「麻烦 má fan」：迷惑をかける

□ **4** **どうかお許しください。**
▶「原谅 yuán liàng」：許す

□ **5** **私が悪かったです。**
▶「不好 bù hǎo」：悪い

□ **6** **大丈夫です。**
▶「关系 guān xi」を使う。

□ **7** **気にしないで。**
▶「在意 zài yì」：気に留める

□ **8** **気にしないでください。**
▶「心里 xīn li」を使う。

日本語の「すみません」はさまざまな場面で使えるのに対して、中国語の**「抱歉」**と**「対不起」**はあくまでも謝る言葉として使います。例えば、飲み物を出された場合には、**「抱歉」**や**「対不起」**と言わず、**「谢谢」**と言うのが一般的です。

1
bào qiàn
抱 歉 。
バオ チィエン

2
duì bu qǐ
对 不 起 。
ドゥイ ブ チー

3
má fan nǐ le
麻 烦 你 了 。
マー ファン ニー ラ

4
qǐng yuán liàng
请 原 谅 。
チィン ユアン リィアン

5
shì wǒ bù hǎo
是 我 不 好 。
シー ウオ ブー ハオ

6
méi guān xi
没 关 系 。
メイ グゥアン シ

7
bié zài yì
别 在 意 。
ビエ ヅァイ イー

8
bié wǎng xīn li qù
别 往 心 里 去 。
ビエ ウアン シィン リ チュイ

41

相手を気遣う

相手の身体や気持ちを気遣うフレーズは、キーワードをうまく使うのがコツです。単語に注意して練習しましょう。

□ 1 **身体を大事にしてください。**
▶「保重 bǎo zhòng」を使う。

□ 2 **お身体をお大事に。**
▶「身体 shēn tǐ」を使う。

□ 3 **身体に気をつけてください。**
▶「注意 zhù yì」:気をつける

□ 4 **どうしましたか。**
▶「怎么 zěn me」:どのように

□ 5 **気分転換を忘れずに。**
▶「劳逸 láo yì」(仕事と休息)を使う。

□ 6 **無理をしないでください。**
▶「勉强 miǎn qiǎng」:無理をする

□ 7 **自分を責めないでください。**
▶「难为 nán wei」:困らせる

□ 8 **これくらいで十分ですよ。**
▶「差不多 chà bu duō」:これくらい

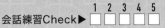

表現のポイント

「**保重**」と「**保重身体**」は基本的に同じ意味で、同じように使うことができます。「**保重身体**」のほうがより丁重なイメージがあるので、目上の人に対しては「**保重身体**」を使うようにしましょう。

1
bǎo zhòng
保重。
バオ ヂォン

2
bǎo zhòng shēn tǐ
保重身体。
バオ ヂォン シェン ティー

3
zhù yì shēn tǐ
注意身体。
ヂゥー イー シェン ティー

4
nǐ zěn me le
你怎么了？
ニー ヅェン マ ラ

5
yào láo yì jié hé
要劳逸结合。
ヤオ ラオ イー ヂィエ ハー

6
bié tài miǎn qiǎng le
别太勉强了。
ビエ タイ ミィエン チィアン ラ

7
bié nán wei zì jǐ
别难为自己。
ビエ ナン ウエイ ヅー ヂー

8
chà bu duō jiù xíng le
差不多就行了。
チァー ブ ドゥオ ヂィウ シィン ラ

第2章

43

相手を待たせる

相手を待たせる、待たせたときに使えるフレーズの数々です。副詞や時間表現に注意しましょう。

11

□ **1** **少々お待ちください。**

▶「稍等 shāo děng」:少し待つ

□ **2** **少々お待ちください。**

▶「一下 yí xià」:少し、少々

□ **3** **お待たせしました。**

▶「让 ràng」(〜させる)を使う。

□ **4** **ずいぶん待ったでしょう。**

▶「半天 bàn tiān」:長い間

□ **5** **今着いたばかりです。**

▶「刚 gāng」(〜したばかり)を使う。

□ **6** **遅いですよ。**

▶「才 cái」(やっと、ようやく)を使う。

□ **7** **どうしてこんなに遅いのですか。**

▶「怎么这么 zěn me zhè me」:どうしてこんなに〜

□ **8** **ずいぶん待ちましたよ。**

 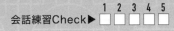

「等 děng」(待つ)の発音は日本人にとって少し難しいかもしれません。唇を丸めないで、むしろ少し左右に開くようにして発音してみましょう。

1
qǐng shāo děng
请 稍 等。
チン シァオ デン

2
qǐng děng yí xià
请 等 一 下。
チン デン イー シィア

3
ràng nǐ jiǔ děng le
让 你 久 等 了。
ラン ニー ヂィウ デン ラ

4
děng bàn tiān le ba
等 半 天 了 吧。
デン バン ティエン ラ バ

5
wǒ gāng dào
我 刚 到。
ウオ ガン ダオ

6
nǐ zěn me cái lái
你 怎 么 才 来?
ニー ヅェン マ ツァイ ライ

7
nǐ zěn me zhè me wǎn cái lái
你 怎 么 这 么 晚 才 来?
ニー ヅェン マ ヂァー マ ウアン ツァイ ライ

8
wǒ dōu děng bàn tiān le
我 都 等 半 天 了。
ウオ ドウ デン バン ティエン ラ

第2章

45

励ます

励ますフレーズは定型表現が多い
です。相手を勇気づけるため、気持
ちを込めて話してみましょう。

🎧 12

□ 1 **頑張って！**

▶「加油 jiā yóu」：頑張る

□ 2 **頑張ってください。**

▶「好好儿 hǎo hāor」（しっかり、よく）を使う。

□ 3 **お仕事、頑張ってください。**

▶「工作 gōng zuò」：仕事をする

□ 4 **続けて努力してください。**

▶「努力 nǔ lì」：努力

□ 5 **すごいですね。**

▶「真棒 zhēn bàng」：すごい、すばらしい

□ 6 **すばらしいですね。**

▶「太〜了 tài 〜 le」を使う。

□ 7 **大したものです。**

▶「真有 zhēn yǒu」を使う。

□ 8 **やりましたね。**

▶「干 gàn」：やる、する

「**加油**」は基本的に相手を激励する言葉です。相手が何かに挑戦するときに使うのはもちろん、スポーツ観戦のときにもよく使います。また、「**加油、加油**」と2度重ねて言うこともよくあります。

第2章

1
jiā yóu
加 油!
ヂィア イオウ

2
hǎo hāor gàn
好 好 儿 干。
ハオ ハオル ガン

3
hǎo hāor gōng zuò
好 好 儿 工 作。
ハオ ハオル ゴゥン ヅゥオ

4
jì xù nǔ lì
继 续 努 力。
ヂー シュイ ヌゥー リー

5
nǐ zhēn bàng
你 真 棒。
ニー ヂェン バン

6
nǐ tài bàng le
你 太 棒 了。
ニー タイ バン ラ

7
zhēn yǒu nǐ de
真 有 你 的。
ヂェン イオウ ニー ダ

8
gàn de zhēn hǎo
干 得 真 好。
ガン ダ ヂェン ハオ

47

容姿を褒める

容姿を褒める表現は男女で違いが
あります。キーワードを押さえなが
ら、練習しましょう。

🎧 13

☐ 1 **彼女はきれいです。**
▶「漂亮 piào liang」：きれいな

☐ 2 **彼女は色白で、裕福で、美人です。**
▶「白富美 bái fù měi」：色白で、裕福で、美人

☐ 3 **彼女は上品です。**
▶「品位 pǐn wèi」：品位

☐ 4 **彼女はとてもエレガントです。**
▶「品味高雅 pǐn wèi gāo yǎ」：エレガントな

☐ 5 **彼女は洗練されています。**
▶「气质不凡 qì zhì bù fán」：洗練されている

☐ 6 **彼は格好いいです。**
▶「帅 shuài」：格好いい

☐ 7 **彼はイケメンです。**
▶「帅哥 shuài gē」：格好いい男性、イケメン

☐ 8 **彼は背が高く、金持ちで、イケメンです。**
▶「高富帅 gāo fù shuài」：背が高く、金持ちで、イケメン

「白富美」は比較的新しい言葉で、女性に使います。「白」は肌が白い、「富」は富があり、お金持ち、「美」は美しい、美人だという意味です。「高富帅」は男性バージョンです。

1
tā zhǎng de hěn piào liang
她 长 得 很 漂 亮 。
ター ヂァン ダ ヘン ピィアオ リィアン

2
tā shì bái fù měi
她 是 白 富 美 。
ター シー バイ フゥー メイ

3
tā hěn yǒu pǐn wèi
她 很 有 品 位 。
ター ヘン イオウ ピィン ウエイ

4
tā pǐn wèi gāo yǎ
她 品 味 高 雅 。
ター ピィン ウエイ ガオ ヤー

5
tā qì zhì bù fán
她 气 质 不 凡 。
ター チー ヂー ブー ファン

6
tā zhǎng de hěn shuài
他 长 得 很 帅 。
ター ヂァン ダ ヘン シゥアイ

7
tā shì ge shuài gē
他 是 个 帅 哥 。
ター シー ガ シゥアイ ガー

8
tā shì gāo fù shuài
他 是 高 富 帅 。
ター シー ガオ フゥー シゥアイ

人間性を褒める

人の性格を褒めるのには多彩な言い方があります。ニュアンスに気をつけながら練習しましょう。

🎧 14

☐ **1**

彼は良い人です。

▶「人 rén」を使う。

☐ **2**

彼は良い人です。

▶「好人 hǎo rén」：良い人

☐ **3**

彼女は優しい人です。

▶「善良 shàn liáng」：穏やかで優しい

☐ **4**

彼女は心優しい人です。

▶「心地 xīn dì」：気立て、心根

☐ **5**

彼は誠実な人です。

▶「诚实 chéng shí」：誠実な

☐ **6**

彼は腰が低い人です。

▶「低调 dī diào」：控えめな、腰が低い

☐ **7**

彼は義理堅いです。

▶「仗义 zhàng yì」：義理堅い

☐ **8**

彼はとても謙虚な人です。

▶「谦虚 qiān xū」：謙虚な

「人 rén」はいわゆる巻き舌の発音で、日本人にとってちょっと難しいかもしれません。舌の先を少し上に向かせる程度で、あまり巻きすぎないように発音するのがコツです。

1 tā rén hěn hǎo
他人很好。
ター レン ヘン ハオ

2 tā shì ge hǎo rén
他是个好人。
ター シー ガ ハオ レン

3 tā hěn shàn liáng
她很善良。
ター ヘン シァン リィアン

4 tā xīn dì shàn liáng
她心地善良。
ター シィン ディー シァン リィアン

5 tā wéi rén hěn chéng shí
他为人很诚实。
ター ウエイ レン ヘン チェン シー

6 tā wéi rén hěn dī diào
他为人很低调。
ター ウエイ レン ヘン ディー ディアオ

7 tā hěn zhàng yì
他很仗义。
ター ヘン ヂァン イー

8 tā hěn qiān xū
他很谦虚。
ター ヘン チィエン シュイ

第2章

同意する

短いフレーズで同意・賛成の意思表明ができます。いくつかのパターンを練習して覚えておきましょう。

🎧15

□ **1**
いいですよ。
▶「好 hǎo」を使う。

□ **2**
いいですよ。
▶「可以 kě yǐ」を使う。

□ **3**
同意します。
▶「同意 tóng yì」：同意する

□ **4**
賛成します。
▶「赞成 zàn chéng」：賛成する

□ **5**
意見はありません。
▶「意见 yì jiàn」：意見

□ **6**
あなたの言ったとおりです。
▶「对 duì」を使う。

□ **7**
あなたの言うようにしましょう。
▶「按 àn」：〜に応じて　「办 bàn」：する

□ **8**
そうしましょう。
▶「这么 zhè me」：そのように

フレーズの語尾を強調しないで、やや軽く短く発音するのがコツです。
自分が快く同意したり賛成したりする気持ちを伝えたい場合は、最初
の文字を長く強めに発音するといいでしょう。

---

1 hǎo a
好 啊。
ハオ ア

---

2 kě yǐ
可 以。
カー イー

---

3 wǒ tóng yì
我 同 意。
ウオ トゥン イー

---

4 wǒ zàn chéng
我 赞 成。
ウオ ヅァン チェン

---

5 wǒ méi yì jiàn
我 没 意 见。
ウオ メイ イー ヂィエン

---

6 nǐ shuō de duì
你 说 的 对。
ニー シゥオ ダ ドゥイ

---

7 jiù àn nǐ shuō de bàn
就 按 你 说 的 办。
ヂィウ アン ニー シゥオ ダ バン

---

8 jiù zhè me bàn ba
就 这 么 办 吧。
ヂィウ ヂァー マ バン バ

第2章

反対する

反対の意思表明には「不」をよく使います。いくつかのパターンを知っておくと便利です。

□ **1** ## ダメです。
▶「行 xíng」(いい)を使う

□ **2** ## 絶対にダメです。
▶「絶対 jué duì」：絶対に

□ **3** ## それはダメですね。
▶「怎么 zěn me」を使う。

□ **4** ## 反対します。
▶「反对 fǎn duì」：反対する

□ **5** ## 賛成しません。
▶「赞成 zàn chéng」：賛成する

□ **6** ## 同意しません。
▶「同意 tóng yì」：同意する

□ **7** ## 異議があります。
▶「意见 yì jiàn」：異議、意見

□ **8** ## あなたの言うことは間違いです。
▶「不对 bú duì」：間違いだ

 表現のポイント

相手に対して反対する言葉なので、一字一字をしっかりきちんと発音してみましょう。また、「不」の後に来る言葉の声調によって「不」の声調が変わるので、注意しましょう。

1
bù xíng
不行。
ブー シィン

2
jué duì bù xíng
绝对不行。
ヂュエ ドゥイ ブー シィン

3
nà zěn me xíng
那怎么行？
ナー ヅェン マ シィン

4
wǒ fǎn duì
我反对。
ウオ ファン ドゥイ

5
wǒ bú zàn chéng
我不赞成。
ウオ ブー ヅァン チェン

6
wǒ bù tóng yì
我不同意。
ウオ ブー トゥン イー

7
wǒ yǒu yì jiàn
我有意见。
ウオ イオウ イー ヂィエン

8
nǐ shuō de bú duì
你说的不对。
ニー シゥオ ダ ブー ドゥイ

55

理解する

会話の中で、相手の話を理解できた
とき、また理解できない場合にもう
一度言ってもらうときに使うフレー
ズです。

□ 1 **わかりました。**
▶「明白 míng bai」：わかる

□ 2 **承知しました。**
▶「知道 zhī dào」：承知する、理解する

□ 3 **わかりましたか。**
▶「听 tīng」（聞く）を使う。

□ 4 **すべて了解しました。**
▶「都 dōu」：すべて

□ 5 **わかりましたか。**
▶「听懂 tīng dǒng」：聞いてわかる

□ 6 **すべて了解しました。**

□ 7 **ゆっくり言ってもらえますか。**
▶「慢一点儿 màn yì diǎnr」：少しゆっくり

□ 8 **もう一度言ってもらえますか。**
▶「再～一遍 zài ～ yí biàn」：もう一度

> 語尾の「了 le」は軽声なので、軽く短く発音するのがコツです。また、相手にたずねるときに、「了」の後に「吗 ma」を付け加えることで疑問文になります。「吗」も同じように軽く短く発音してみましょう。

第2章

1
míng bai le
明白了。
ミィン バイ ラ

2
zhī dào le
知道了。
ヂー ダオ ラ

3
nǐ tīng míng bai le ma
你听明白了吗？
ニー ティン ミィン バイ ラ マ

4
wǒ dōu tīng míng bai le
我都听明白了。
ウオ ドウ ティン ミィン バイ ラ

5
nǐ tīng dǒng le ma
你听懂了吗？
ニー ティン ドゥン ラ マ

6
wǒ dōu tīng dǒng le
我都听懂了。
ウオ ドウ ティン ドゥン ラ

7
qǐng nǐ màn yì diǎnr shuō
请你慢一点儿说。
チィン ニー マン イー ディアル シゥオ

8
qǐng nǐ zài shuō yí biàn
请你再说一遍。
チィン ニー ヅァイ シゥオ イー ビィエン

時間の言い方

□ **现在** 現在、いま
xiàn zài
シィエン ヅァイ

□ **刚才** さっき、先ほど
gāng cái
ガン ツァイ

□ **最近** 最近、近頃
zuì jìn
ヅゥイ ヂン

□ **早上** 朝、早朝
zǎo shang
ヅァオ シァン

□ **晚上** 夜
wǎn shang
ウアン シァン

□ **上午** 午前、午前中
shàng wǔ
シァン ウー

□ **中午** 昼
zhōng wǔ
ヂォン ウー

□ **下午** 午後
xià wǔ
シィア ウー

□ **傍晚** 夕方
bàng wǎn
パン ウアン

□ **去年** 去年
qù nián
チュイ ニィエン

□ **今年** 今年
jīn nián
ヂン ニィエン

□ **明年** 来年
míng nián
ミン ニィエン

□ **今天** 今日
jīn tiān
ヂン ティエン

□ **昨天** 昨日
zuó tiān
ヅゥオ ティエン

□ **明天** 明日
míng tiān
ミン ティエン

□ **上星期** 先週
shàng xīng qī
シァン シィン チー

□ **这星期** 今週
zhè xīng qī
ヂァー シィン チー

□ **下星期** 来週
xià xīng qī
シィア シィン チー

第3章

自分について
話す

🎧 Track **18 ～ 25**

名前と住まい

自己紹介するときや自分について話すときに使うフレーズを紹介します。まず、名前と住まいの言い方です。

🎧 18

□ 1 **お名前は何とおっしゃいますか。**
▶「貴姓 guì xìng」：お名前は何ですか

□ 2 **山下と申します。**
▶「免贵 miǎn guì」で始める

□ 3 **お名前は何と言いますか。**
▶「叫 jiào」：〜と呼ぶ 「名字 míng zi」：名前

□ 4 **山下雅子と言います。**

□ 5 **どこにお住まいですか。**
▶「住在 zhù zài」：〜に住む

□ 6 **私は東京都に住んでいます。**

□ 7 **お宅はどこにありますか。**
▶「你家 nǐ jiā」で始める。

□ 8 **家は大阪にあります。**

「免贵」は「您贵姓?」という形で名前を聞かれたときのみに使います。
自分をへりくだる言い方です。日本語にこのような言い方がないため、
日本語に訳すことはできませんが、使い方を覚えておきましょう。

1

nín guì xìng
您 贵 姓?
ニィン グゥイ シィン

2

miǎn guì　　wǒ xìng shān xià
免 贵, 我 姓 山 下。
ミィエン グゥイ ウオ シィン シァン シィア

3

nǐ jiào shén me míng zi
你 叫 什 么 名 字?
ニー ヂィアオ シェン マ ミィン ヅ

4

wǒ jiào shān xià yǎ zǐ
我 叫 山 下 雅 子。
ウオ ヂィアオ シァン シィア ヤー ヅー

5

nǐ zhù zài nǎr
你 住 在 哪 儿?
ニー ヂゥー ヅァイ ナール

6

wǒ zhù zài dōng jīng dū
我 住 在 东 京 都。
ウオ ヂゥー ヅァイ ドゥン ヂィン ドゥー

7

nǐ jiā zài nǎr
你 家 在 哪 儿?
ニー ヂィア ヅァイ ナール

8

wǒ jiā zài dà bǎn
我 家 在 大 阪。
ウオ ヂィア ヅァイ ダー バン

第3章

61

年齢

年齢を聞くときには、相手の見かけ
の歳によって言い方が変わります。
すべてのフレーズを言えるようにして
おきましょう。

□ **1** **いくつですか。**
　▶「几岁 jǐ suì」：何歳

□ **2** **8歳になりました。**
　▶「八岁 bā suì」：8歳

□ **3** **あなたは今年おいくつですか。**
　▶「多大了 duō dà le」：おいくつ？

□ **4** **私は今年25歳になりました。**

□ **5** **今年でおいくつになりますか。**
　▶「多大岁数了 duō dà suì shu le」：おいくつ？

□ **6** **私は今年73歳になりました。**

□ **7** **あなたの干支は何ですか。**
　▶「属 shǔ」（属する）を使う。

□ **8** **私は丑年です。**
　▶「属牛 shǔ niú」：丑（年）である

中国語では、相手の年齢をたずねる言い方は主に3つあります。いずれも相手の見た目の年齢から、どれを使うかを判断します。子供には「**几岁了?**」、自分と同年代の人には「**多大了?**」、自分より年上の人には「**多大岁数了?**」を使います。

1

nǐ jǐ suì le
你 几 岁 了?
ニー ヂー スゥイ ラ

2

bā suì le
八 岁 了。
バー スゥイ ラ

3

nǐ jīn nián duō dà le
你 今 年 多 大 了?
ニー ヂン ニィエン ドゥオ ダー ラ

4

wǒ jīn nián èr shi wǔ suì le
我 今 年 二 十 五 岁 了。
ウオ ヂン ニィエン アル シ ウー スゥイ ラ

5

nín jīn nián duō dà suì shu le
您 今 年 多 大 岁 数 了?
ニィン ヂン ニィエン ドゥオ ダー スゥイ シュ ラ

6

wǒ jīn nián qī shi sān suì le
我 今 年 七 十 三 岁 了。
ウオ ヂン ニィエン チー シ サン スゥイ ラ

7

nǐ shǔ shén me de
你 属 什 么 的?
ニー シュー シェン マ ダ

8

wǒ shǔ niú de
我 属 牛 的。
ウオ シュー ニィウ ダ

UNIT

20 出身地・国籍

出身地や国籍を聞いたり、それに答えたりするときのフレーズです。シンプルなやりとりで十分間に合います。

🎧 20

□ 1 **どちらの方ですか。**
▶「哪儿的人 nǎr de rén」：どちらの人？

□ 2 **私は北京の人です。**
▶「北京人 běi jīng rén」：北京の人

□ 3 **なまりから、南の方でしょうか。**
▶「口音 kǒu yīn」：なまり

□ 4 **私は江蘇の人です。**
▶「江苏人 jiāng sū rén」：江蘇の人

□ 5 **ご出身はどちらですか。**
▶「老家 lǎo jiā」：生家、故郷

□ 6 **私は四川の出身です。**
▶「四川 sì chuān」：四川（省）

□ 7 **お国はどちらですか。**
▶「哪国人 nǎ guó rén」：どこの国の人？

□ 8 **私は日本人です。**
▶「日本人 rì běn rén」：日本人

「**哪儿的人?**」は相手の出身地をたずねる言い方で、「**哪国人?**」は相手の国籍をたずねる言い方です。答える場合はどちらも、「**我是＋場所＋人**」という形で話せばOKです。

1
nǐ shì nǎr de rén
你是哪儿的人?
ニー シー ナール ダ レン

2
wǒ shì běi jīng rén
我是北京人。
ウオ シー ベイ ヂィン レン

第3章

3
tīng kǒu yīn nǐ shì nán fāng rén ba
听口音你是南方人吧?
ティン コウ イン ニー シー ナン ファン レン バ

4
wǒ shì jiāng sū rén
我是江苏人。
ウオ シー ヂィアン スゥー レン

5
nǐ lǎo jiā zài nǎr
你老家在哪儿?
ニー ラオ ヂィア ヅァイ ナール

6
wǒ lǎo jiā zài sì chuān
我老家在四川。
ウオ ラオ ヂィア ヅァイ スー チュアン

7
nǐ shì nǎ guó rén
你是哪国人?
ニー シー ナー グゥオ レン

8
wǒ shì rì běn rén
我是日本人。
ウオ シー リー ベン レン

家族・子供

家族構成や子供について話すフレーズを紹介します。言い方が決まっているので、定型のものを覚えましょう。

□ 1 **ご家族は何人ですか。**
▶「几口人 jǐ kǒu rén」：(家族が)何人？

□ 2 **私は3人家族です。**
▶「三口人 sān kǒu rén」：3人の家族

□ 3 **どんな家族構成ですか。**
▶「什么人 shén me rén」：家族構成は？

□ 4 **家族は父、母、弟一人と私です。**
▶「我家有 wǒ jiā yǒu」で始める

□ 5 **私は娘が一人います。**
▶「女孩儿 nǚ háir」：娘、女の子

□ 6 **私は息子が一人います。**
▶「男孩儿 nán háir」：息子、男の子

□ 7 **私の子供は小学校に通っています。**
▶「小学 xiǎo xué」：小学校

□ 8 **私の子供は今年、大学受験です。**
▶「考大学 kǎo dà xué」：大学を受験する

中国人は相手の家族についてたずねることがよくあります。習慣的に
コミュニケーションの一環となっていて、決して失礼に当たることはあ
りません。家族や子供についての言い方を覚えて、積極的に話してみま
しょう。

1
nǐ jiā yǒu jǐ kǒu rén
你 家 有 几 口 人？
ニー ヂィア イオウ ヂー コウ レン

2
wǒ jiā yǒu sān kǒu rén
我 家 有 三 口 人。
ウオ ヂィア イオウ サン コウ レン

3
nǐ jiā dōu yǒu shén me rén
你 家 都 有 什 么 人？
ニー ヂィア ドウ イオウ シェン マ レン

4
wǒ jiā yǒu bà ba mā ma yí ge dì di hé wǒ
我 家 有 爸爸、妈妈、一个 弟弟 和 我。
ウオ ヂィア イオウ バー バ マー マ イー ガ ディー ディ ハー ウオ

5
wǒ yǒu yí ge nǚ háir
我 有 一 个 女 孩 儿。
ウオ イオウ イー ガ ニュイ ハール

6
wǒ yǒu yí ge nán háir
我 有 一 个 男 孩 儿。
ウオ イオウ イー ガ ナン ハール

7
wǒ hái zi shàng xiǎo xué le
我 孩 子 上 小 学 了。
ウオ ハイ ヅ シアン シィアオ シュエ ラ

8
wǒ hái zi jīn nián kǎo dà xué
我 孩 子 今 年 考 大 学。
ウオ ハイ ヅ ヂィン ニィエン カオ ダー シュエ

兄弟姉妹

兄弟姉妹について話すフレーズです。
「何番目」「一番上」など、ポイントに
なる表現に注意して覚えましょう。

🎧 22

□ **1** **あなたは兄弟がいますか。**

▶「兄弟姐妹 xiōng dì jiě mèi」:兄弟姉妹

□ **2** **私は弟が一人います。**

▶「弟弟 dì di」:弟

□ **3** **妹さんは何人いますか。**

▶「妹妹 mèi mei」:妹

□ **4** **妹が2人います。**

□ **5** **私は一人っ子です。**

▶「独生子 dú shēng zǐ」:一人っ子

□ **6** **あなたは(兄弟の中で)何番目ですか。**

▶「老几 lǎo jǐ」:何番目?

□ **7** **私は一番上です。**

▶「老大 lǎo dà」:一番上

□ **8** **私は末っ子です。**

▶「最小的 zuì xiǎo de」:末っ子

兄弟の人数を言う場合、「数字＋个＋兄弟の言い方」という形となります。「个」は軽声なので、軽く短く発音してみましょう。また、「独生子」（一人っ子）は男女を問わずに使えます。

1
nǐ yǒu xiōng dì jiě mèi ma
你有兄弟姐妹吗？
ニー イオウ シィオン ディー ヂィエ メイ マ

2
wǒ yǒu yí ge dì di
我有一个弟弟。
ウオ イオウ イー ガ ディー ディ

第3章

3
nǐ yǒu jǐ ge mèi mei
你有几个妹妹？
ニー イオウ ヂー ガ メイ メイ

4
wǒ yǒu liǎng ge mèi mei
我有两个妹妹。
ウオ イオウ リィアン ガ メイ メイ

5
wǒ shì dú shēng zǐ
我是独生子。
ウオ シー ドゥー ション ヅー

6
nǐ shì lǎo jǐ
你是老几？
ニー シー ラオ ヂー

7
wǒ shì lǎo dà
我是老大。
ウオ シー ラオ ダー

8
wǒ shì zuì xiǎo de
我是最小的。
ウオ シー ヅゥイ シィアオ ダ

69

仕事・職業

相手の仕事を聞いたり、自分の仕事について話したりするフレーズです。職業には決まった言い方があるので、主要なものを覚えておくといいでしょう。

□ **1** どんなお仕事をされていますか。

▶「干 gàn」(する)を使う

□ **2** 私は経理です。

▶「会计 kuài ji」：経理

□ **3** あなたのお仕事は何ですか。

▶「工作 gōng zuò」：仕事

□ **4** 私は医者です。

▶「医生 yī shēng」：医者

□ **5** あなたはどこに勤めていますか。

▶「上班 shàng bān」：勤める

□ **6** 私は銀行に勤めています。

▶「银行 yín háng」：銀行

□ **7** 仕事は忙しいですか。

▶「忙 máng」：忙しい

□ **8** ときどき忙しいことがあります。

▶「有时候 yǒu shí hou」：ときどき

「你是干什么的?」と「你做什么工作?」は相手の職業をたずねるときによく使う言い方で、両者に違いはありません。自分の職業を言うときには、「我是＋職業」と答えればいいでしょう。「単語コラム③」(p.76)の職業の単語も覚えて、練習してみましょう。

第3章

1
nǐ shì gàn shén me de
你是干什么的?
ニー シー ガン シェン マ ダ

2
wǒ shì kuài ji
我是会计。
ウオ シー クゥアイ ヂ

3
nǐ zuò shén me gōng zuò
你做什么工作?
ニー ヅゥオ シェン マ ゴゥン ヅゥオ

4
wǒ shì yī shēng
我是医生。
ウオ シー イー ション

5
nǐ zài nǎr shàng bān
你在哪儿上班?
ニー ヅァイ ナール シァン バン

6
wǒ zài yín háng shàng bān
我在银行上班。
ウォ ヅァイ イン ハン シァン バン

7
nǐ gōng zuò máng bu máng
你工作忙不忙?
ニー ゴゥン ヅゥオ マン ブ マン

8
yǒu shí hou hěn máng
有时候很忙。
イオウ シー ホウ ヘン マン

UNIT
24

学校・専攻

大学や学んでいる専攻を話す機会
はよくあります。基本的なやりとりが
できるようにしておきましょう。

🎧 24

□ **1** あなたはどこの大学の学生ですか。
▶「学生 xué sheng」：学生

□ **2** 私は東京大学の学生です。

□ **3** あなたは何年生ですか。
▶「几年级 jǐ nián jí」：何年生？

□ **4** 私は2年生です。

□ **5** どこで大学に通っていますか。
▶「上大学 shàng dà xué」：大学に通う

□ **6** 私は千葉県で大学に通っています。

□ **7** あなたの専攻は何ですか。
▶「专业 zhuān yè」：専攻

□ **8** 私は建築を専攻しています。
▶「建筑 jiàn zhù」：建築

自分が在籍する大学名を言う場合、「**我是＋大学名＋的学生**」という形になります。また、大学名を言わずに、大学何年生と言う場合は、「**大＋数字**」、例えば、大学三年の場合は「**大三**」だけで大丈夫です。

1
nǐ shì nǎ ge dà xué de xué sheng
你是哪个大学的学生？
ニー シー ナー ガ ダー シュエ ダ シュエ ション

2
wǒ shì dōng jīng dà xué de xué sheng
我是东京大学的学生。
ウオ シー ドゥン ヂィン ダー シュエ ダ シュエ ション

3
nǐ shì jǐ nián jí de xué sheng
你是几年级的学生？
ニー シー ヂー ニィエン ヂー ダ シュエ ション

4
wǒ shì èr nián jí de xué sheng
我是二年级的学生。
ウオ シー アル ニィエン ヂー ダ シュエ ション

5
nǐ zài nǎr shàng dà xué
你在哪儿上大学？
ニー ヅァイ ナール シァン ダー シュエ

6
wǒ zài qiān yè xiàn shàng dà xué
我在千叶县上大学。
ウオ ヅァイ チィエン イエ シィエン シァン ダー シュエ

7
nǐ xué shén me zhuān yè
你学什么专业？
ニー シュエ シェン マ ヂゥアン イエ

8
wǒ xué jiàn zhù zhuān yè
我学建筑专业。
ウオ シュエ ヂィエン ヂゥー ヂゥアン イエ

趣味

趣味の話をするのはいつも楽しいものです。簡単なフレーズで、お互いの趣味を語り合うことができます。

□ 1 あなたの趣味は何ですか。
▶「爱好 ài hào」：趣味

□ 2 私の趣味はショッピングです。
▶「购物 gòu wù」：ショッピング、買い物

□ 3 あなたはどんな趣味をお持ちですか。

□ 4 私は登山が好きです。
▶「爬山 pá shān」：登山(をする)

□ 5 あなたは何がお好きですか。
▶「喜欢 xǐ huan」：好きである

□ 6 私は旅行が好きです。
▶「旅游 lǚ yóu」：旅行(する)

□ 7 趣味はたくさんあります。

□ 8 私は漫画(を読むの)が好きです。
▶「看漫画 kàn màn huà」：漫画を読む

「爱好」と「喜欢」はどちらも趣味や好きなことを話すときに使います。「喜欢」は趣味の他に、好きな人や好きな場所などを言うときにも使えます。例えば、「我喜欢你」は「あなたのことが好きです」という意味になります。

1
nǐ de ài hào shì shén me
你的爱好是什么？
ニー ダ アイ ハオ シー シェン マ

2
wǒ de ài hào shì gòu wù
我的爱好是购物。
ウオ ダ アイ ハオ シー ゴウ ウー

3
nǐ yǒu shén me ài hào
你有什么爱好？
ニー イオウ シェン マ アイ ハオ

4
wǒ xǐ huan pá shān
我喜欢爬山。
ウオ シー ホゥアン パー シァン

5
nǐ xǐ huan shén me
你喜欢什么？
ニー シー ホゥアン シェン マ

6
wǒ xǐ huan lǚ yóu
我喜欢旅游。
ウオ シー ホゥアン リュイ イオウ

7
wǒ yǒu hěn duō ài hào
我有很多爱好。
ウオ イオウ ヘン ドゥオ アイ ハオ

8
wǒ xǐ huan kàn màn huà
我喜欢看漫画。
ウオ シー ホゥアン カン マン ホゥア

第3章

職業

gōng sī zhí yuán
□ **公司职员** 会社員
ゴゥン スー ヂー ユアン

gōng wù yuán
□ **公务员** 公務員
ゴゥン ウー ユアン

fú wù yuán
□ **服务员** 店員
フゥー ウー ユアン

sī jī
□ **司机** 運転手
スー ヂー

yī shēng
□ **医生** 医者
イー ション

hù shi
□ **护士** 看護士
ホゥ シー

gōng chéng shī
□ **工程师** エンジニア
ゴゥン チェン シー

zuò jiā
□ **作家** 作家
ヅゥオ ヂィア

huà jiā
□ **画家** 画家
ホゥア ヂィア

yǎn yuán
□ **演员** 俳優
イエン ユアン

gē shǒu
□ **歌手** 歌手
ガー シォウ

chú shī
□ **厨师** 料理人、シェフ
チゥー シー

lù shī
□ **律师** 弁護士
リュイ シー

jiào shī
□ **教师** 教師
ヂィアオ シー

第4章

毎日の生活

🎧 Track **26 ～ 33**

朝の会話

毎日の生活の中でよく使う日常会話フレーズを覚えておきましょう。まず、朝の時間のフレーズです。

□ **1** ### 起きましたか。
▶「起床 qǐ chuáng」：起きる

□ **2** ### よく眠れましたか。
▶「睡 shuì」：眠る

□ **3** ### なかなか寝つけませんでした。
▶「半天 bàn tiān」：なかなか、長い間

□ **4** ### あなたは毎日何時に起きますか。
▶「毎天 měi tiān」：毎日

□ **5** ### 私は6時頃に起きます。
▶「左右 zuǒ yòu」：〜頃

□ **6** ### 私は早起きです。
▶「起得 qǐ de」を使う。

□ **7** ### 私は起きるのが遅いです。
▶「晚 wǎn」：遅い

□ **8** ### 私は朝、ジョギングに行きます。
▶「跑步 pǎo bù」：ジョギング（する）

「起」と「起床」は共に「起床する」という意味です。ただ、他の言葉との組み合わせや文の中の位置によってどちらを使うかが決まります。文中の場合は「起」、文末の場合「起床」を使うことが多いです。

1

qǐ chuáng la
起床啦？
チー チュアン ラ

2

shuì de hǎo ma
睡得好吗？
シゥイ ダ ハオ マ

3

bàn tiān méi shuì zháo
半天没睡着。
バン ティエン メイ シゥイ ヂャオ

4

nǐ měi tiān jǐ diǎn qǐ chuáng
你每天几点起床？
ニー メイ ティエン ヂー ディエン チー チュアン

5

wǒ liù diǎn zuǒ yòu qǐ chuáng
我六点左右起床。
ウオ リウ ディエン ヅゥオ イオウ チー チュアン

6

wǒ qǐ de hěn zǎo
我起得很早。
ウオ チー ダ ヘン ヅァオ

7

wǒ qǐ de hěn wǎn
我起得很晚。
ウオ チー ダ ヘン ウアン

8

wǒ zǎo shang qù pǎo bù
我早上去跑步。
ウオ ヅァオ シァン チュイ パオ ブー

第4章

79

夜の会話

夜の時間にはくつろいだり、お風呂に入ったりします。家族と交わす会話フレーズを知っておきましょう。

🎧 27

□ 1 **早く休みましょう。**
▶「休息 xiū xi」：休む

□ 2 **早く寝ましょう。**
▶「睡 shuì」：寝る

□ 3 **遅いから、寝ましょう。**
▶「时间 shí jiān」を使う。

□ 4 **早くお風呂に入りましょう。**
▶「洗澡 xǐ zǎo」：入浴する

□ 5 **今日は早く寝ないといけません。**
▶「早睡 zǎo shuì」：早く寝る

□ 6 **明日は早く起きないといけません。**
▶「早起 zǎo qǐ」：早く起きる

□ 7 **あなたは毎日何時に寝ますか。**

□ 8 **私は毎日10時過ぎに寝ます。**
▶「多 duō」：～過ぎ

「睡」と「睡觉」は基本的に「起」と「起床」と同様の使い方です。ちょっと難しい語法ですが、例文を覚えて慣れれば、自然に使いこなせるようになるでしょう。

---

1 zǎo diǎnr xiū xi ba
早点儿休息吧。
ヅァオ ディアル シィウ シ バ

---

2 zǎo diǎnr shuì ba
早点儿睡吧。
ヅァオ ディアル シウイ バ

---

3 shí jiān bù zǎo le shuì jiào ba
时间不早了，睡觉吧。
シー ヂィエン ブー ヅァオ ラ シウイ ヂィアオ バ

---

4 kuài qù xǐ zǎo ba
快去洗澡吧。
クゥアイ チュイ シー ヅァオ バ

---

5 wǒ jīn tiān děi zǎo shuì
我今天得早睡。
ウオ ヂン ティエン デイ ヅァオ シウイ

---

6 wǒ míng tiān děi zǎo qǐ
我明天得早起。
ウオ ミィン ティエン デイ ヅァオ チー

---

7 nǐ měi tiān jǐ diǎn shuì jiào
你每天几点睡觉？
ニー メイ ティエン ヂー ディエン シウイ ヂィアオ

---

8 wǒ měi tiān shí diǎn duō shuì jiào
我每天十点多睡觉。
ウオ メイ ティエン シー ディエン ドゥオ シウイ ヂィアオ

第4章

食事

ふだんの食事について話すフレーズ
です。「サンドイッチ」「レストラン」
など、よく使う基本表現を覚えま
しょう。

🎧 28

☐ **1** **私は朝ご飯は家で食べます。**

▶「早饭 zǎo fàn」：朝ご飯　「吃 chī」：食べる

☐ **2** **私はサンドイッチを買って食べます。**

▶「三明治 sān míng zhì」：サンドイッチ

☐ **3** **私は近くのレストランで食べます。**

▶「餐厅 cān tīng」：レストラン

☐ **4** **私は自宅から持って行きます。**

▶「带饭 dài fàn」（ご飯を持って行く）を使う。

☐ **5** **熱いうちに食べましょう。**

▶「趁热 chèn rè」：熱いうちに

☐ **6** **これはとても美味しいです。**

▶「好吃 hǎo chī」：美味しい

☐ **7** **私はこれが好きです。**

▶「喜欢 xǐ huan」：好きだ

☐ **8** **家族みんなで夕飯を食べます。**

▶「全家一起 quán jiā yì qǐ」：家族みんなで

「吃 chī」は「食べる」という意味で、巻き舌の発音です。発音する際には舌の先をやや上に向かせる程度で、決して巻きすぎないように気をつけましょう。「真好吃」は「すごく美味しい」という意味です。積極的に使ってみましょう。

1
wǒ zǎo fàn zài jiā chī
我 早 饭 在 家 吃 。
ウオ ヅァオ ファン ヅァイ ヂィア チー

2
wǒ mǎi sān míng zhì chī
我 买 三 明 治 吃 。
ウオ マイ サン ミィン ヂー チー

3
wǒ zài fù jìn de cān tīng chī
我 在 附 近 的 餐 厅 吃 。
ウオ ヅァイ フゥ ヂィン ダ ツァン ティン チー

4
wǒ dài fàn
我 带 饭 。
ウオ ダイ ファン

5
chèn rè chī ba
趁 热 吃 吧 。
チェン ラー チー バ

6
zhè ge zhēn hǎo chī
这 个 真 好 吃 。
ヂァー ガ ヂェン ハオ チー

7
wǒ xǐ huan chī zhè ge
我 喜 欢 吃 这 个 。
ウオ シー ホゥアン チー ヂァー ガ

8
quán jiā yì qǐ chī wǎn fàn
全 家 一 起 吃 晚 饭 。
チュアン ヂィア イー チー チー ウアン ファン

第4章

83

掃除・片づけ

家の掃除や片づけについて話す
フレーズです。「ゴミ」や「掃除機」
など、基本的な単語を覚えておき
ましょう。

□ **1** **手伝いましょうか。**
▶「帮忙 bāng máng」：手伝う

□ **2** **ありがとう。大丈夫です。**
▶「不用 bú yòng」を使う。

□ **3** **私が片づけます。**
▶「收拾 shōu shi」：片づける

□ **4** **私が皿洗いをします。**
▶「洗碗 xǐ wǎn」：皿洗いをする

□ **5** **部屋は汚く散らかっている。**
▶「又脏又乱 yòu zāng yòu luàn」：汚く散らかっている

□ **6** **今日は掃除をしないといけない。**
▶「打扫卫生 dǎ sǎo wèi shēng」：掃除をする

□ **7** **これらのゴミを捨てるようにして。**
▶「垃圾 lā jī」：ゴミ

□ **8** **掃除機をかけよう。**
▶「吸尘器 xī chén qì」：掃除機

表現のポイント

会話練習Check▶ □□□□□

1 2 3 4 5

「打扫」と「打扫卫生」はどちらも「掃除をする」という意味ですが、「打扫」は単独で使うことはあまりなく、掃除する場所と一緒に使うことが多いです。「打扫＋掃除する場所」。例えば「打扫房间」(部屋を掃除する)という形になります。

---

yào bāng máng ma

1 要帮忙吗？

ヤオ バン マン マ

---

xiè xie　bú yòng le

2 谢谢，不用了。

シィエ シィエ ブー イヨン ラ

---

wǒ lái shōu shi

3 我来收拾。

ウオ ライ シォウ シ

---

wǒ lái xǐ wǎn

4 我来洗碗。

ウオ ライ シー ウアン

---

fáng jiān yòu zāng yòu luàn

5 房间又脏又乱。

ファン ヂィエン イオウ ヅァン イオウ ルゥアン

---

jīn tiān děi dǎ sǎo wèi shēng

6 今天得打扫卫生。

ヂィン ティエン デイ ダー サオ ウエイ ション

---

bǎ zhè xiē lā jī rēng le

7 把这些垃圾扔了。

バー ヂァー シィエ ラー ヂー レン ラ

---

yòng xī chén qì bǎ dì xī yí xià

8 用吸尘器把地吸一下。

イヨン シー チェン チー バー ディー シー イー シィア

第4章

洗濯する

衣類を洗濯するときに使うフレーズ
です。「洗濯する」「干す」「畳む」など
の言い方を覚えましょう。

🎧 30

□ **1** **服を着替えてね。**

▶「衣服 yī fu」：服　「换 huàn」：換える

□ **2** **私は洗濯をしました。**

▶「洗 xǐ」：洗う

□ **3** **ハンガーを持ってきて。**

▶「衣架 yī jià」：ハンガー

□ **4** **服をきちんと干してね。**

▶「晾 liàng」：干す

□ **5** **布団を干すようにしてね。**

▶「被子 bèi zi」：布団　「晒晒 shài shai」：干す

□ **6** **洗濯物を取り込もう。**

▶「拿进来 ná jin lai」：取り込む

□ **7** **洗濯物をきちんと畳んでね。**

▶「叠 dié」：畳む

□ **8** **アイロンをかけておいたよ。**

▶「熨 yùn」：アイロンをかける

「洗濯をする」はふつう「**把衣服洗**」と言います。中国語の基本的な語順は「主語＋動詞＋目的語」ですが、日常会話においては、「主語＋**把**＋目的語＋動詞」の形をよく使います。これは目的語を強調するためです。

1
bǎ yī fu huàn le
把衣服换了。
バー イー フゥ ホウアン ラ

2
wǒ bǎ yī fu xǐ hǎo le
我把衣服洗好了。
ウオ バー イー フゥ シー ハオ ラ

3
bǎ yī jià ná guo lai
把衣架拿过来。
バー イー ヂィア ナー グゥオ ライ

4
bǎ yī fu liàng hǎo
把衣服晾好。
バー イー フゥ リィアン ハオ

5
bǎ bèi zi shài shai
把被子晒晒。
バー ベイ ヅ シャアイ シャアイ

6
bǎ yī fu ná jin lai
把衣服拿进来。
バー イー フゥ ナー ヂィン ライ

7
bǎ yī fu dié hǎo
把衣服叠好。
バー イー フゥ ディエ ハオ

8
wǒ bǎ yī fu yùn hǎo le
我把衣服熨好了。
ウオ バー イー フゥ ユン ハオ ラ

第4章

通勤する

会社について話す機会はよくあります。「通勤する」「退勤する」「残業する」など、キーになる表現を押さえて話してみましょう。

□ **1**

私は毎日9時に仕事に出かけます。

▶「上班 shàng bān」：仕事に出かける、通勤する

□ **2**

どうやって通勤していますか。

▶「怎么 zěn me」：どうやって

□ **3**

私は地下鉄で通勤しています。

▶「坐地铁 zuò dì tiě」：地下鉄に乗る

□ **4**

私は車で通勤します。

▶「开车 kāi chē」：車を運転する

□ **5**

毎日何時に仕事が終わりますか。

▶「下班 xià bān」：仕事が終わる、退勤する

□ **6**

毎日7時に仕事が終わります。

□ **7**

よく残業しますか。

▶「加班 jiā bān」：残業する

□ **8**

ときどき残業します。

▶「有时候 yǒu shí hou」：ときどき

中国語では「上〇」「下〇」という形の動詞をよく使います。例えば、「上班」(仕事に行く)／「下班」(仕事が終わる)、「上学」(登校する)／「下学」(下校する)、「上车」(乗車する)／「下车」(下車する)という形で、覚えやすく便利な言い方です。

1

wǒ měi tiān jiǔ diǎn shàng bān
我 每 天 九 点 上 班 。
ウオ メイ ティエン ヂィウ ディエン シァン バン

2

nǐ zěn me shàng bān
你 怎 么 上 班 ?
ニー ヅェン マ シァン バン

3

wǒ zuò dì tiě shàng bān
我 坐 地 铁 上 班 。
ウオ ヅゥオ ディー ティエ シァン バン

4

wǒ kāi chē shàng bān
我 开 车 上 班 。
ウオ カイ チャー シァン バン

5

nǐ měi tiān jǐ diǎn xià bān
你 每 天 几 点 下 班 ?
ニー メイ ティエン ヂー ディエン シィア バン

6

wǒ měi tiān qī diǎn xià bān
我 每 天 七 点 下 班 。
ウオ メイ ティエン チー ディエン シィア バン

7

jīng cháng jiā bān ma
经 常 加 班 吗 ?
ヂィン チャン ヂィア バン マ

8

yǒu shí hou jiā bān
有 时 候 加 班 。
イヨウ シー ホウ ヂィア バン

第4章

来客を迎える

家にお客さんを迎えるときのフレーズ
です。「**欢迎，欢迎**」や「**请坐**」などはさ
まざまな場面で使える表現です。

🎧 32

□ **1** ## いらっしゃい。
▶「欢迎 huān yíng」：歓迎する

□ **2** ## 我が家へようこそ。
▶「玩儿 wánr」（遊ぶ）を使う。

□ **3** ## お入りください。
▶「进 jìn」：入る

□ **4** ## お掛けください。
▶「坐 zuò」：座る

□ **5** ## ご遠慮なさらないでください。
▶「千万 qiān wàn」（くれぐれも）を使う。

□ **6** ## 自分の家だと思ってください。
▶「一样 yí yàng」（同じように）を使う。

□ **7** ## これはほんの気持ちです。
▶「心意 xīn yì」：気持ち

□ **8** ## 手ぶらで来ればよかったのに。
▶「空着手 kōng zhe shǒu」：手ぶらで

「**欢迎**」は「歓迎する」という意味で、2回重ねて言うことがよくあります。ですが、2回使うと歓迎するレベルが上がるというわけではありません。また、具体的に何について歓迎するかを表したい場合は、「**欢迎＋事柄**」という形になります。

1

huān yíng　huān yíng
欢 迎 , 欢 迎 。
ホゥアン イン ホゥアン イン

2

huān yíng lái wǒ jiā　wánr
欢 迎 来 我 家 玩 儿 。
ホゥアン イン ライ ウオ ヂィア ウアル

3

qǐng jìn
请 进 。
チィン ヂィン

4

qǐng zuò
请 坐 。
チィン ヅゥオ

5

qiān wàn bié kè qi
千 万 别 客 气 。
チィエン ウアン ビエ カー チ

6

jiù xiàng dào zì jǐ jiā yí yàng
就 像 到 自 己 家 一 样 。
ヂィウ シィアン ダオ ヅー チー ヂィア イー ヤン

7

zhè shì yì diǎnr xīn yì
这 是 一 点 儿 心 意 。
ヂァー シー イー ディアル シィン イー

8

kōng zhe shǒu lái jiù xíng le
空 着 手 来 就 行 了 。
コゥン ヂァ シォウ ライ ヂィウ シィン ラ

第4章

来客をもてなす

来客を食事や飲み物でもてなすフレーズです。シンプルな言葉でお客さんを喜ばせることができます。

🎧 33

□ **1** 何を飲みますか。

▶「喝 hē」：飲む

□ **2** 何でもいいですよ。

▶「行 xíng」：いい、かまわない

□ **3** どうぞ、おかまいなく。

▶「张罗 zhāng luo」：かまう、接待する

□ **4** ご飯を食べていってくださいね。

▶「饭 fàn」：ご飯

□ **5** それでは、お言葉に甘えて。

▶「那 nà」：それでは

□ **6** 私はそろそろ失礼します。

▶「该 gāi」（〜しなければならない）を使う。

□ **7** おもてなしに感謝します。

▶「盛情款待 shèng qíng kuǎn dài」：おもてなし

□ **8** また遊びに来てくださいね。

▶「以后 yǐ hòu」：また、今後

「那我就不客气了」は食事のときにだけ使うのではなく、相手のおもてなしや好意に対してそれを素直に受け入れるときに使います。直訳すると「それでは、私は遠慮しないことにいたします」という意味です。

1
nǐ hē shén me
你 喝 什么？
ニー ハー シェン マ

2
shén me dōu xíng
什么 都 行。
シェン マ ドウ シィン

3
bié zhāng luo le
别 张 罗 了。
ビエ ヂャン ルオ ラ

4
chī le fàn zài zǒu ba
吃 了 饭 再 走 吧。
チー ラ ファン ヅァイ ヅォウ バ

5
nà wǒ jiù bú kè qi le
那 我 就 不 客 气 了。
ナー ウオ ジィウ ブー カー チ ラ

6
wǒ gāi zǒu le
我 该 走 了。
ウオ ガイ ヅォウ ラ

7
xiè xie nǐ de shèng qíng kuǎn dài
谢谢 你 的 盛 情 款 待。
シィエ シィエ ニー ダ ション チィン クゥアン ダイ

8
huān yíng yǐ hòu zài lái
欢 迎 以 后 再 来。
ホゥアン イン イー ホウ ヅァイ ライ

第4章

93

季節と祝日

chūn tiān
□ **春天** 春
チュン ティエン

xià tiā
□ **夏天** 夏
シィア ティエン

qiū tiān
□ **秋天** 秋
チィウ ティエン

dōng tiān
□ **冬天** 冬
ドゥン ティエン

shǔ jià
□ **暑假** 夏休み
シュー ヂィア

hán jià
□ **寒假** 冬休み
ハン ヂィア

jié jià rì
□ **节假日** 祝祭日
ヂィエ ヂィア リー

chūn jié
□ **春节** (旧暦)新年
チュン ヂィエ

chú xī
□ **除夕** 大晦日
チゥー シー

yuán dàn
□ **元旦** 元日
ユアン ダン

guó qìng jié
□ **国庆节** 国慶節
グゥオ チィン ヂィエ

shèng dàn jié
□ **圣诞节** クリスマス
ション ダン ヂィエ

🎧 Track **34 ～ 45**

売り場を探す

中国旅行でもショッピングは最大の
楽しみの一つです。まず、売り場を探
すフレーズから練習しましょう。

🎧 34

□ **1** いらっしゃいませ。

▶「光临 guāng lín」(来店)を使う。

□ **2** 家電は何階ですか。

▶「家电 jiā diàn」:家電 「层 céng」:階

□ **3** 宝飾品カウンターはどこですか。

▶「珠宝柜台 zhū bǎo guì tái」:宝飾品カウンター

□ **4** 紳士服は2階です。

▶「男装 nán zhuāng」:紳士服

□ **5** 生鮮食品は地下1階です。

▶「生鲜食品 shēng xiān shí pǐn」:生鮮食品

□ **6** エスカレーターはあちらです。

▶「扶梯 fú tī」:エスカレーター

□ **7** ゆっくり買い物をお楽しみください。

▶「选购 xuǎn gòu」:買い物をする

□ **8** レジにはまっすぐに行ってください。

▶「收银台 shōu yín tái」:レジ

何かの場所を探すときには「探す場所＋**在哪儿?**」、また、探す物が何階かを聞くときには「探す物＋**在几层?**」という表現を使います。自分が欲しい商品の単語を覚えておいて使ってみましょう。

1
huān yíng guāng lín
欢 迎 光 临 。
ホゥアン イン グゥアン リン

2
jiā diàn zài jǐ céng
家 电 在 几 层 ？
ヂィア ディエン ヅァイ ヂー ツェン

3
zhū bǎo guì tái zài nǎr
珠 宝 柜 台 在 哪 儿 ？
ヂゥー バオ グゥイ タイ ヅァイ ナール

4
nán zhuāng zài èr céng
男 装 在 二 层 。
ナン ヂゥアン ヅァイ アル ツェン

5
shēng xiān shí pǐn zài dì xià yī céng
生 鲜 食 品 在 地 下 一 层 。
ション シィエン シー ピィン ヅァイ ディー シィア イー ツェン

6
fú tī zài nà bian
扶 梯 在 那 边 。
フゥー ティー ヅァイ ナー ビィエン

7
qǐng nín màn màn xuǎn gòu
请 您 慢 慢 选 购 。
チィン ニィン マン マン シュアン ゴウ

8
shōu yín tái wǎng qián zǒu
收 银 台 往 前 走 。
シォウ イン タイ ウアン チィエン ヅォウ

第5章

商品を探す

自分が求める商品について店員さん
に聞くフレーズです。必要な商品名
は別途、調べておきましょう。

🎧 35

☐ **1** ## ネクタイは何階ですか。

▶「领带 lǐng dài」：ネクタイ

☐ **2** ## 生活用品はどこですか。

▶「日用品 rì yòng pǐn」：生活用品、日用品

☐ **3** ## スニーカーはありますか。

▶「运动鞋 yùn dòng xié」：スニーカー

☐ **4** ## 外国のビールはありますか。

▶「进口啤酒 jìn kǒu pí jiǔ」：外国の（輸入）ビール

☐ **5** ## このブランドを置いていますか。

▶「名牌 míng pái」：ブランド

☐ **6** ## イタリアのブランドは何階ですか。

▶「意大利 yì dà lì」：イタリア

☐ **7** ## 日本の化粧品はありますか。

▶「化妆品 huà zhuāng pǐn」：化粧品

☐ **8** ## これは今年の新作ですか。

▶「新款 xīn kuǎn」：新作、ニューモデル

自分の欲しい物が置いてあるかどうかを確認するときには、「有＋欲しい物＋吗?」と聞くといいでしょう。店員さんの返事が「有」の場合には、さらに「欲しい物＋哪儿?」と置いてある場所を聞いてみましょう。

1
lǐng dài zài jǐ céng
领带在几层?
リン ダイ ヅァイ ヂー ツェン

2
rì yòng pǐn zài nǎr
日用品在哪儿?
リー イヨン ピィン ヅァイ ナール

3
yǒu yùn dòng xié ma
有运动鞋吗?
イオウ ユン ドゥン シィエ マ

4
yǒu jìn kǒu pí jiǔ ma
有进口啤酒吗?
イオウ ヂン コウ ピー ヂィウ マ

5
yǒu zhè ge míng pái ma
有这个名牌吗?
イオウ ヂァー ガ ミィン パイ マ

6
yì dà lì de míng pái zài jǐ céng
意大利的名牌在几层?
イー ダー リー ダ ミィン パイ ヅァイ ヂー ツェン

7
yǒu rì běn de huà zhuāng pǐn ma
有日本的化妆品吗?
イオウ リー ベン ダ ホゥア ヂゥアン ピィン マ

8
zhè shì jīn nián de xīn kuǎn ma
这是今年的新款吗?
ヂァー シー ヂン ニィエン ダ シィン クゥアン マ

第5章

サイズ

服や靴は身体にフィットすることが大切です。サイズについて店員さんとやりとりするフレーズも覚えておきましょう。

☐ **1** **これは何号ですか。**

▶「几号 jǐ hào」：何号

☐ **2** **もう少し小さいものはありますか。**

▶「再小一点儿 zài xiǎo yì diǎnr」：もう少し小さい

☐ **3** **ワンサイズ上のものはありますか。**

▶「再大一号 zài dà yí hào」：ワンサイズ大きい

☐ **4** **これは一番大きいサイズですか。**

▶「最大号 zuì dà hào」：一番大きいサイズ

☐ **5** **ワンサイズ上のものが欲しいです。**

☐ **6** **このサイズは私に少し大きすぎます。**

▶「穿 chuān」（身につける）を使う。

☐ **7** **全部で3つのサイズがあります。**

▶「一共 yí gòng」：全部で

☐ **8** **このサイズがよろしいかと思います。**

▶「正合适 zhèng hé shì」：ぴったり合う

表現のポイント　　　　会話練習Check▶

売り場で気に入った洋服を試着してみて、少しサイズが合わないことが
ありますね。違うサイズがあるかと聞くときは例文のような表現が使え
ますが、簡単に「**再大一点儿**」(もう少し大きい)、「**再小一点儿**」(もう少
し小さい)とだけ言っても十分に伝わります。

1
zhè shì jǐ hào de
这是几号的？
ヂァー シー ヂー ハオ ダ

2
yǒu zài xiǎo yì diǎnr de ma
有再小一点儿的吗？
イオウ ヅァイ シィアオ イー ディアル ダ マ

3
yǒu zài dà yí hào de ma
有再大一号的吗？
イオウ ヅァイ ダー イー ハオ ダ マ

4
zhè shì zuì dà hào de ma
这是最大号的吗？
ヂァー シー ヅゥイ ダー ハオ ダ マ

5
wǒ xiǎng yào zài dà yí hào de
我想要再大一号的。
ウオ シィアン ヤオ ヅァイ ダー イー ハオ ダ

6
zhè ge hào wǒ chuān yǒu diǎnr dà
这个号我穿有点儿大。
ヂァー ガ ハオ ウオ チゥアン イオウ ディアル ダー

7
yí gòng yǒu sān ge hào
一共有三个号。
イー ゴゥン イオウ サン ガ ハオ

8
nín chuān zhè ge hào zhèng hé shì
您穿这个号正合适。
ニィン チゥアン ヂァー ガ ハオ ヂェン ハー シー

101

色

色について店員さんと話すフレーズ
です。日本語と中国語で意味が異な
る単語があるので注意しましょう。

🎧37

☐ **1 青のものはありますか。**

▶「蓝色 lán sè」：青い色

☐ **2 他にどんな色がありますか。**

▶「颜色 yán sè」：色

☐ **3 ベージュのものが欲しいです。**

▶「米黄色 mǐ huáng sè」：ベージュ

☐ **4 濃い色のものはありますか。**

▶「深颜色 shēn yán sè」：濃い色

☐ **5 淡い色のものはありますか。**

▶「浅颜色 qiǎn yán sè」：淡い色

☐ **6 紫と白があります。**

▶「紫色 zǐ sè」：紫　「白色 bái sè」：白

☐ **7 この2色しかありません。**

▶「只有 zhǐ yǒu」：〜しかない

☐ **8 この色はよくお似合いですよ。**

▶「好看 hǎo kàn」：よく見える、似合う

中国語では「颜色」はただの「色」という意味で、日本語の「顔色」という意味ではありません。「〇〇色」があるかをたずねたい場合、「有＋色の単語＋的吗?」と聞いてみましょう。「単語コラム⑥」(p.132)にある色の単語を覚えて、活用してみましょう。

1
yǒu lán sè de ma
有 蓝 色 的 吗 ？
イオウ ラン スァ ダ マ

2
hái yǒu shén me yán sè
还 有 什 么 颜 色 ？
ハイ イオウ シェン マ イエン スァ

3
wǒ xiǎng yào mǐ huáng sè de
我 想 要 米 黄 色 的 。
ウオ シィアン ヤオ ミー ホゥアン スァ ダ

4
yǒu shēn yán sè de ma
有 深 颜 色 的 吗 ？
イオウ シェン イエン スァ ダ マ

5
yǒu qiǎn yán sè de ma
有 浅 颜 色 的 吗 ？
イオウ チィエン イエン スァ ダ マ

6
yǒu zǐ sè hé bái sè de
有 紫 色 和 白 色 的 。
イオウ ヅー スァ ハー バイ スァ ダ

7
zhǐ yǒu zhè liǎng zhǒng yán sè
只 有 这 两 种 颜 色 。
ヂー イオウ ヂァー リィアン ヂォン イエン スァ

8
nín chuān zhè ge yán sè hěn hǎo kàn
您 穿 这 个 颜 色 很 好 看 。
ニィン チゥアン ヂァー ガ イエン スァ ヘン ハオ カン

素材

服の生地や素材について話すフレーズです。決まった単語を使うので、必要なものを覚えておきましょう。

🎧 38

□ 1 **この生地は何ですか**

▶「料子 liào zi」：生地

□ 2 **これはウール100%ですか。**

▶「全毛 quán máo」：ウール100%

□ 3 **混紡のものが欲しいです。**

▶「混纺 hùn fǎng」：混紡

□ 4 **これはシルクで、手触りがとてもいいです。**

▶「真丝 zhēn sī」：シルク

□ 5 **これはアンゴラです。**

▶「兔毛 tù máo」：アンゴラ

□ 6 **これは手洗いができます。**

▶「手洗 shǒu xǐ」：手洗いする

□ 7 **これは洗濯機で洗えます。**

▶「洗衣机 xǐ yī jī」：洗濯機

□ 8 **これは長く着ることができますよ。**

▶「很长时间 hěn cháng shí jiān」：長く

「生地」のことは中国語で「料子」と言います。どんな生地があるのかをたずねたいときには「有什么料子?」、さらに自分の欲しい生地があるかどうかをたずねたい場合は「有+生地の名前+吗?」と言ってみましょう。

1

zhè shì shén me liào zi
这是什么料子?

ヂァー シー シェン マ リィアオ ヅ

2

zhè shì quán máo de ma
这是全毛的吗?

ヂァー シー チュアン マオ ダ マ

3

wǒ xiǎng yào hùn fǎng de
我想要混纺的。

ウオ シィアン ヤオ ホゥン ファン ダ

4

zhè shì zhēn sī de shǒu gǎn hěn hǎo
这是真丝的,手感很好。

ヂァー シー ヂェン スー ダ　シォウ ガン ヘン ハオ

5

zhè shì tù máo de
这是兔毛的。

ヂァー シー トゥー マオ ダ

6

zhè ge kě yǐ shǒu xǐ
这个可以手洗。

ヂァー ガ カー イー シォウ シー

7

zhè ge kě yǐ yòng xǐ yī jī xǐ
这个可以用洗衣机洗。

ヂァー ガ カー イー イヨン シー イー ヂー シー

8

zhè ge kě yǐ chuān hěn cháng shí jiān
这个可以穿很长时间。

ヂァー ガ カー イー チゥアン ヘン チャン シー ヂィエン

第5章

UNIT 39 試着する

試着をするときに店員さんとやりとりするフレーズです。定型的な表現を覚えておけば十分に対応できます。

◀ 39

□ **1** 試着してもいいですか。

▶「试穿 shì chuān」:試着する

□ **2** これを試着したいのですが。

▶「试一试 shì yi shì」を使う。

□ **3** 試着室はどこですか。

▶「试衣室 shì yī shì」:試着室

□ **4** 試着室はこちらです。

▶「这边 zhè bian」:こちら

□ **5** こちらへどうぞ。

▶「随我 suí wǒ」(私についてきて)を使う。

□ **6** お似合いですよ。

▶「适合 shì hé」:似合う

□ **7** これはどのように合わせればいいですか。

▶「搭配 dā pèi」:合わせる、コーディネートする

□ **8** 何色にも合いますよ。

▶「配 pèi」(合わせる)を使う。

試着のときの簡単な言い方は「**穿一下**」、または「**试一试**」でも大丈夫です。試着した後、店員さんの感想を聞きたい場合には「**适合我吗?**」と聞くといいでしょう。「**很适合您**」(お似合いです)または「**很好看**」(とてもきれいです)と言ってくれることでしょう。

1
kě yǐ shì chuān yí xià ma
可以试穿一下吗?
カー イー シー チュアン イー シィア マ

2
wǒ xiǎng shì yi shì zhè jiàn
我想试一试这件。
ウオ シィアン シー イ シー ヂァー ヂィエン

3
shì yī shì zài nǎr
试衣室在哪儿?
シー イー シー ヅァイ ナール

4
shì yī shì zài zhè bian
试衣室在这边。
シー イー シー ヅァイ ヂァー ビィエン

5
qǐng nín suí wǒ lái
请您随我来。
チィン ニィン スゥイ ウオ ライ

6
hěn shì hé nín
很适合您。
ヘン シー ハー ニィン

7
zhè ge zěn me dā pèi
这个怎么搭配?
ヂァー ガ ヅェン マ ダー ペイ

8
pèi shén me yán sè dōu hǎo kàn
配什么颜色都好看。
ペイ シェン マ イエン スァ ドウ ハオ カン

オーダーメイド

スーツやチャイナドレスなどをオーダーメイドするときに使うフレーズです。直しを頼むフレーズも知っておきましょう。

□ 1 **スーツのオーダーはできますか。**

▶「订做套装 dìng zuò tào zhuāng」：スーツをオーダーする

□ 2 **どんな生地がありますか。**

▶「面料 miàn liào」：生地

□ 3 **輸入生地はありますか。**

▶「进口 jìn kǒu」：輸入

□ 4 **直しはできますか。**

▶「改 gǎi」：直す

□ 5 **少し細くしたいです。**

▶「改瘦 gǎi shòu」：細くする

□ 6 **少し裾上げをしたいです。**

▶「裤脚 kù jiǎo」：ズボンの裾

□ 7 **こちらで寸法を測らせていただきます。**

▶「量尺寸 liáng chǐ cùn」：寸法を測る

□ 8 **できあがりましたらお電話します。**

▶「打电话通知 dǎ diàn huà tōng zhī」：電話して知らせる

中国語の「**订做**」は「既製品ではない」という意味で、洋服以外にも、靴やカーテン、家具などに使います。例えば、店員さんが商品を指で示しながら「**订做的**」と言うと、「(これは)オーダーメイドです」という意味です。

1
kě yǐ dìng zuò tào zhuāng ma
可以订做套装吗？
カー イー ディン ヅゥオ タオ ヂュアン マ

2
dōu yǒu shén me miàn liào
都有什么面料？
ドウ イオウ シェン マ ミィエン リィアオ

3
yǒu jìn kǒu de miàn liào ma
有进口的面料吗？
イオウ ヂィン コウ ダ ミィエン リィアオ マ

4
néng gǎi ma
能改吗？
ネン ガイ マ

5
wǒ xiǎng gǎi shòu yì diǎnr
我想改瘦一点儿。
ウオ シィアン ガイ シォウ イー ディアル

6
bǎ kù jiǎo zài wō jìn qu yì diǎnr
把裤脚再窝进去一点儿。
バー クゥー ヂィアオ ヅァイ ウオ ヂン チュイ イー ディアル

7
dào zhè bian liáng chǐ cùn
到这边量尺寸。
ダオ ヂァー ビィエン リィアン チー ツゥン

8
zuò hǎo hòu dǎ diàn huà tōng zhī nín
做好后打电话通知您。
ヅゥオ ハオ ホウ ダー ディエン ホゥア トゥン ヂー ニィン

交換・返品

ショッピングに失敗は付きもの。商品を交換したり、返品したりするときのフレーズも覚えておきましょう。

41

☐ 1 **返品はできますか。**
▶「退 tuì」：返品する

☐ 2 **交換はできますか。**
▶「換 huàn」：交換する

☐ 3 **他の色にしたいです。**
▶「別的 bié de」：他の

☐ 4 **ワンサイズ大きいものにしたいです。**
▶「大一号 dà yí hào」：ワンサイズ大きい

☐ 5 **レシートを持っています。**
▶「发票 fā piào」：レシート

☐ 6 **いつ頃お買い上げですか。**
▶「买 mǎi」：買う

☐ 7 **どんなものに交換されたいのですか。**
▶「什么样的 shén me yàng de」：どんなもの

☐ 8 **ご購入から1週間が経つと返品できません。**
▶「超过 chāo guò」：過ぎる、超える

「退」は「返品する」、「換」は「交換する」という意味です。簡単に、「**我想退**」（返品したい）、「**我想换**」（交換したい）と言うことができます。交換したい物を指で指しながら「**我想换**」と言うだけで十分に通じます。

1
kě yǐ tuì ma
可以退吗？
カー イー トゥイ マ

2
kě yǐ huàn ma
可以换吗？
カー イー ホゥアン マ

3
wǒ xiǎng huàn bié de yán sè
我想换别的颜色。
ウオ シィアン ホゥアン ビエ ダ イエン スァ

4
wǒ xiǎng huàn dà yí hào de
我想换大一号的。
ウオ シィアン ホゥアン ダー イー ハオ ダ

5
wǒ yǒu fā piào
我有发票。
ウオ イオウ ファー ピィアオ

6
nín shén me shí hou mǎi de
您什么时候买的？
ニィン シェン マ シー ホウ マイ ダ

7
nín xiǎng huàn shén me yàng de
您想换什么样的？
ニィン シィアン ホゥアン シェン マ ヤン ダ

8
chāo guò yí ge xīng qī bù néng tuì
超过一个星期不能退。
チャオ グゥオ イー ガ シィン チー ブー ネント ゥイ

第5章

商品の入荷・配送

店に商品の在庫がないとき再入荷について聞いたり、商品の配送をお願いするフレーズです。

🎧 42

□ 1 **また入荷しますか。**

▶「进货 jìn huò」：入荷する

□ 2 **いつ頃入荷しますか。**

□ 3 **来週入荷する予定です。**

▶「预定 yù dìng」：予定する

□ 4 **すみません。もう入荷しません。**

□ 5 **送料は無料ですか。**

▶「免费 miǎn fèi」：無料にする

□ 6 **今日中に配達できますか。**

▶「送到 sòng dào」：配達する

□ 7 **商品はいつ届きますか。**

▶「货 huò」：商品

□ 8 **今日商品を発送して、明日には届きます。**

▶「发货 fā huò」：発送する

購入する商品が決まり、配達が無料かどうかをたずねたいときには「**免費吗?**」(無料ですか)と言ってみましょう。このフレーズはいろいろな場面で使えるので、覚えておくと重宝します。

1
hái jìn huò ma
还 进 货 吗?
ハイ ヂィン ホゥオ マ

2
shén me shí hou jìn huò
什 么 时 候 进 货?
シェン マ シー ホウ ヂィン ホゥオ

3
yù dìng xià xīng qī jìn huò
预 定 下 星 期 进 货。
ユイ ディン シィア シィン チー ヂィン ホゥオ

4
duì bu qǐ bú zài jìn huò le
对 不 起, 不 再 进 货 了。
ドゥイ ブ チー　　ブー ヅァイ ヂィン ホゥオ ラ

5
miǎn fèi sòng huò ma
免 费 送 货 吗?
ミィエン フェイ ソン ホゥア マ

6
jīn tiān kě yǐ sòng dào ma
今 天 可 以 送 到 吗?
ヂィン ティエン カー イー ソン ダオ マ

7
huò shén me shí hou dào
货 什 么 时 候 到?
ホゥオ シェン マ シー ホウ ダオ

8
jīn tiān fā huò míng tiān jiù dào
今 天 发 货, 明 天 就 到。
ヂィン ティエン ファー ホゥオ ミィン ティエン ヂィウ ダオ

第5章

使用法

家電や電子機器などの使用法・サ
ポートについてたずねるフレーズ
です。キーワードを覚えて話してみ
ましょう。

🎧 43

□ **1** **これは使いやすいですか。**

▶「好用 hǎo yòng」：使いやすい

□ **2** **これはとても使いやすいですよ。**

□ **3** **操作は簡単ですか。**

▶「简单 jiǎn dān」：簡単だ

□ **4** **操作はとても簡単ですよ。**

□ **5** **これが説明書です。**

▶「说明书 shuō míng shū」：説明書、マニュアル

□ **6** **使い方は説明書に全部書いてあります。**

▶「操作方法 cāo zuò fāng fǎ」：使い方

□ **7** **無料でサポートさせていただきます。**

▶「咨询 zī xún」：サポートする、相談する

□ **8** **ご不明な点はお客様サポートにお電話ください。**

▶「客服 kè fú」：お客様サポート、相談窓口

中国語の「**用**」は「使う、使用する」という意味です。「**很好用**」は「使いやすい、使って便利だ」、「**不好用**」は「使いづらい」という意味です。使いやすいかどうかをたずねたい場合は、その商品を指で示しながら「**好用吗?**」と聞けばいいでしょう。

1
zhè ge hǎo yòng ma
这个好用吗?
ヂァー ガ ハオ イヨン マ

2
zhè ge hěn hǎo yòng
这个很好用。
ヂァー ガ ヘン ハオ イヨン

3
cāo zuò jiǎn dān ma
操作简单吗?
ツァオ ヅゥオ ヂィエン ダン マ

4
cāo zuò hěn jiǎn dān
操作很简单。
ツァオ ヅゥオ ヘン ヂィエン ダン

5
zhè shì shuō míng shū
这是说明书。
ヂァー シー シゥオ ミィン シュー

6
cāo zuò fāng fǎ shuō míng shū shang dōu yǒu
操作方法说明书上都有。
ツァオ ヅゥオ ファン ファー シゥオ ミィン シュー シァン ドウ イオウ

7
miǎn fèi wèi nín zī xún
免费为您咨询。
ミィエン フェイ ウエイ ニィン ヅー シュン

8
yǒu yí wèn kě yǐ dǎ kè fú diàn huà
有疑问可以打客服电话。
イオウ イー ウエン カー イー ダー カー フゥー ディエン ホゥア

お土産・特産品

中国は各地方に特徴のあるお土産がたくさんあります。お土産や特産品を買うときのフレーズを知っておきましょう。

□ **1** ここにはどんな特産品がありますか。

▶「土特产 tǔ tè chǎn」：特産品

□ **2** お土産を買いたいです。

▶「礼品 lǐ pǐn」：お土産

□ **3** これはこの地域の特産品です。

▶「本地 běn dì」：この地域

□ **4** 工芸品を買いたいです。

▶「工艺品 gōng yì pǐn」：工芸品

□ **5** これらは手作りのものです。

▶「手工做 shǒu gōng zuò」：手作りする

□ **6** これらの工芸品はとても人気があります。

▶「人气 rén qì」：人気

□ **7** 装飾品を買いたいです。

▶「装饰品 zhuāng shì pǐn」：装飾品

□ **8** これらの装飾品が一番人気があります。

▶「最有人气 zuì yǒu rén qì」：一番人気がある

中国語の「**土产**」と「**土特产**」はどちらも、その地域の「特産品、お土産」という意味ですが、「**土特产**」はその地域において特に有名な品物を指します。

1
zhèr yǒu shén me tǔ tè chǎn
这 儿 有 什 么 土 特 产 ？
ヂァール イオウ シェン マ トゥー タァー チャン

2
wǒ xiǎng mǎi yì diǎnr lǐ pǐn
我 想 买 一 点 儿 礼 品 。
ウオ シィアン マイ イー ディアル リー ピィン

3
zhè xiē shì běn dì de tǔ tè chǎn
这 些 是 本 地 的 土 特 产 。
ヂァー シィエ シー ベン ディー ダ トゥー タァー チャン

4
wǒ xiǎng mǎi yì xiē gōng yì pǐn
我 想 买 一 些 工 艺 品 。
ウオ シィアン マイ イー シィエ ゴゥン イー ピィン

5
zhè xiē shì shǒu gōng zuò de
这 些 是 手 工 做 的 。
ヂァー シィエ シー シォウ ゴゥン ヅゥオ ダ

6
zhè xiē gōng yì pǐn hěn yǒu rén qì
这 些 工 艺 品 很 有 人 气 。
ヂァー シィエ ゴゥン イー ピィン ヘン イオウ レン チー

7
wǒ xiǎng mǎi yì xiē zhuāng shì pǐn
我 想 买 一 些 装 饰 品 。
ウオ シィアン マイ イー シィエ ヂゥアン シー ピィン

8
zhè xiē zhuāng shì pǐn zuì yǒu rén qì
这 些 装 饰 品 最 有 人 气 。
ヂァー シィエ ヂゥアン シー ピィン ヅゥイ イオウ レン チー

第5章

支払い方法

代金を支払うときのフレーズです。
キャッシュレスが進んでいる中国な
らではの表現も知っておきましょう。

🎧45

□ **1** **支払い方法はどんなものがありますか。**

▶「付款方式 fù kuǎn fāng shì」：支払い方法

□ **2** **現金での支払いは可能ですか。**

▶「现金 xiàn jīn」：現金

□ **3** **クレジットカードでの支払いは可能ですか。**

▶「信用卡 xìn yòng kǎ」：クレジットカード

□ **4** **お支払いはどうなさいますか。**

▶「付款 fù kuǎn」：支払う

□ **5** **アリペイで支払います。**

▶「支付宝 zhī fù bǎo」：アリペイ

□ **6** **銀聯カードで支払います。**

▶「银联卡 yín lián kǎ」：銀聯カード

□ **7** **現金での支払いはできません。**

□ **8** **支払いはカードのみです。**

▶「刷卡 shuā kǎ」：カードで支払う

今、中国ではほとんど現金が使われなくなっています。「**支付宝**」（アリペイ）は最もよく使われている電子マネーの一つです。買い物だけでなく、食事の際の割り勘からお年玉まで幅広く生活に浸透しています。

1

fù kuǎn fāng shì dōu yǒu nǎ xiē
付 款 方 式 都 有 哪 些 ？

フゥー クゥアン ファン シー ドウ イオウ ナー シィエ

2

kě yǐ fù xiàn jīn ma
可 以 付 现 金 吗 ？

カー イー フゥー シィエン ヂィン マ

3

kě yǐ yòng xìn yòng kǎ ma
可 以 用 信 用 卡 吗 ？

カー イー イヨン シィン イヨン カー マ

4

nín zěn me fù kuǎn
您 怎 么 付 款 ？

ニィン ヅェン マ フゥー クゥアン

5

wǒ yòng zhī fù bǎo
我 用 支 付 宝 。

ウオ イヨン ヂー フゥー バオ

6

wǒ yòng yín lián kǎ
我 用 银 联 卡 。

ウオ イヨン イン リィエン カー

7

bù néng yòng xiàn jīn
不 能 用 现 金 。

ブー ネン イヨン シィエン ヂィン

8

zhǐ néng shuā kǎ
只 能 刷 卡 。

ヂー ネン シゥア カー

第5章

119

ファッション

□ **精品女装** 婦人服
jīng pǐn nǚ zhuāng
ヂィン ピィン ニュイ ヂゥアン

□ **精品男装** 紳士服
jīng pǐn nán zhuāng
ヂィン ピィン ナン ヂゥアン

□ **儿童服装** 子供服
ér tóng fú zhuāng
アル トゥン フゥー ヂゥアン

□ **休闲服** カジュアル服
xiū xián fú
シィウ シィエン フゥー

□ **裙子** スカート
qún zi
チュン ヅ

□ **连衣裙** ワンピース
lián yī qún
リィエン イー チュン

□ **毛衣** セーター(ニット)
máo yī
マオ イー

□ **裤子** ズボン(パンツ)
kù zi
クゥー ヅ

□ **大衣** コート
dà yī
ダー イー

□ **旗袍** チャイナドレス
qí páo
チー パオ

□ **西服套装** スーツ
xī fú tào zhuāng
シー フゥー タオ ヂゥアン

□ **衬衫** シャツ
chèn shān
チェン シャン

□ **鞋** 靴
xié
シィエ

□ **靴子** ブーツ
xuē zi
シュエ ヅ

□ **运动鞋** スニーカー
yùn dòng xié
ユン ドゥン シィエ

□ **高跟鞋** ハイヒール
gāo gēn xié
ガオ ゲン シィエ

🎧 Track **46 ～ 50**

月や日の言い方は決まっています。
パターンをしっかり覚えて会話の中
で使いこなしましょう。

🎧 46

□ 1 **今日は何月何日ですか。**
▶「几月几号 jǐ yuè jǐ hào」：何月何日

□ 2 **今日は3月1日です。**

□ 3 **先月、私は忙しかったです。**
▶「上个月 shàng ge yuè」：先月

□ 4 **来月8日は私の誕生日です。**
▶「下个月 xià ge yuè」：来月　「生日 shēng rì」：誕生日

□ 5 **今日はお時間がありますか。**
▶「今天 jīn tiān」：今日

□ 6 **明日なら私は時間があります。**
▶「明天 míng tiān」：明日

□ 7 **昨日、彼女が我が家に来ました。**
▶「昨天 zuó tiān」：昨日

□ 8 **今月末に私は日本に行きます。**
▶「这个月底 zhè ge yuè dǐ」：今月末

時間を表す名詞は主語の前または後に置くことが多いです。特に時間を強調したい場合は、主語の後に置きます。「**明天我有时间**」と「**我明天有时间**」はいずれも「明日時間がある」という意味ですが、後者は「明日」を強調することになります。

1
jīn tiān jǐ yuè jǐ hào
今天几月几号？
ヂィン ティエン ヂー ユエ ヂー ハオ

2
jīn tiān sān yuè yī hào
今天3月1号。
ヂィン ティエン サン ユエ イー ハオ

3
shàng ge yuè wǒ hěn máng
上个月我很忙。
シャン ガ ユエ ウオ ヘン マン

4
xià ge yuè bā hào shì wǒ de shēng rì
下个月8号是我的生日。
シィア ガ ユエ バー ハオ シー ウオ ダ ション リー

第6章

5
jīn tiān nǐ yǒu shí jiān ma
今天你有时间吗？
ヂィン ティエン ニー イオウ シー ヂィエン マ

6
míng tiān wǒ yǒu shí jiān
明天我有时间。
ミィン ティエン ウオ イオウ シー ヂィエン

7
zuó tiān tā lái wǒ jiā le
昨天她来我家了。
ヅゥオ ティエン ター ライ ウオ ヂィア ラ

8
zhè ge yuè dǐ wǒ qù rì běn
这个月底我去日本。
ヂァー ガ ユエ ディー ウオ チュイ リー ベン

曜日

中国語の曜日の言い方はとても
シンプルです。会話フレーズの中
で練習しておきましょう。

□ **1** 今日は何曜日ですか。
▶「星期几 xīng qī jǐ」：何曜日

□ **2** 今日は水曜日です。
▶「星期三 xīng qī sān」：水曜日

□ **3** 日曜日に私は時間があります。
▶「周日 zhōu rì」：日曜日

□ **4** 月曜日から仕事です。
▶「周一 zhōu yī」：月曜日

□ **5** 来週の金曜日には会議があります。
▶「下星期五 xià xīng qī wǔ」：来週の金曜日

□ **6** 今週の土曜日は私は休みです。
▶「这星期六 zhè xīng qī liù」：今週の土曜日

□ **7** 先週の日曜日に私は旅行に行きました。
▶「上星期日 shàng xīng qī rì」：先週の日曜日

□ **8** 今週末、一緒に買い物に行きましょう。
▶「这个周末 zhè ge zhōu mò」：今週末

会話練習Check▶ 1 2 3 4 5 ☐☐☐☐☐

曜日の言い方でよく使われるのは「**星期**＋数字」と「**周**＋数字」です。しかし、日曜日の場合は、「**星期天**」と「**星期日**」を使います。「**周日**」とは言いますが、「**周天**」とはあまり言いません。

1

jīn tiān xīng qī jǐ
今 天 星 期 几 ？
ヂィン ティエン シィン チー ヂー

2

jīn tiān xīng qī sān
今 天 星 期 三 。
ヂィン ティエン シィン チー サン

3

zhōu rì wǒ yǒu shí jiān
周 日 我 有 时 间 。
ヂォウ リー ウオ イオウ シー ヂィエン

4

zhōu yī kāi shǐ shàng bān
周 一 开 始 上 班 。
ヂォウ イー カイ シー シャン バン

5

xià xīng qī wǔ kāi huì
下 星 期 五 开 会 。
シィア シィン チー ウー カイ ホゥイ

6

zhè xīng qī liù wǒ xiū xi
这 星 期 六 我 休 息 。
ヂァー シィン チー リウ ウオ シィウ シ

7

shàng xīng qī rì wǒ qù lǚ yóu le
上 星 期 日 我 去 旅 游 了 。
シャン シィン チー リー ウオ チュイ リュイ イオウ ラ

8

zhè ge zhōu mò yì qǐ qù gòu wù ba
这 个 周 末 一 起 去 购 物 吧 。
ヂァー ガ ヂォウ モー イー チー チュイ ゴウ ウー バ

□ **1** 今、何時ですか。
▶「几点 jǐ diǎn」：何時

□ **2** 今、2時です。
▶「两点 liǎng diǎn」：2時

□ **3** もうすぐ3時半です。
▶「快～了 kuài ～ le」：もうすぐ～だ 「半 bàn」：半

□ **4** あなたたちは何時に出発しますか。
▶「出发 chū fā」：出発する

□ **5** 私たちは朝一番に出発する予定です。
▶「一大早 yí dà zǎo」：朝一番に

□ **6** まだ8時15分です。
▶「一刻 yí kè」：15分

□ **7** もう遅いから、そろそろ帰りましょう。
▶「不早了 bù zǎo le」（もう遅い）を使う。

□ **8** もうこんな時間です。早く行きましょう。
▶「晚 wǎn」（遅い）を使う。

「2」は、中国語では「二 èr」と「两 liǎng」という2つの言い方があります。どの場合に「二」を使い、どの場合に「两」を使うかはあらかじめ決まっています。「2時」は「两」を使います。

1
xiàn zài jǐ diǎn le
现 在 几 点 了？
シィエン ヅァイ ヂー ディエン ラ

2
xiàn zài liǎng diǎn le
现 在 两 点 了。
シィエン ヅァイ リィアン ディエン ラ

3
kuài sān diǎn bàn le
快 三 点 半 了。
クゥアイ サン ディエン バン ラ

4
nǐ men jǐ diǎn chū fā
你 们 几 点 出 发？
ニー メン ヂー ディエン チゥー ファー

5
wǒ men dǎ suan yí dà zǎo chū fā
我 们 打 算 一 大 早 出 发。
ウオ メン ダー スゥアン イー ダー ヅァオ チゥー ファー

6
cái bā diǎn yí kè
才 八 点 一 刻。
ツァイ バー ディエン イー カー

7
shí jiān bù zǎo le gāi huí qu le
时 间 不 早 了，该 回 去 了。
シー ヂィエン ブー ヅァオ ラ ガイ ホゥイ チュイ ラ

8
dōu zhè me wǎn le kuài zǒu ba
都 这 么 晚 了，快 走 吧。
ドゥ ヂァー マ ウアン ラ　クゥアイ ヅォウ バ

第6章

127

天気①

天気は気軽な話題に最適です。
天候を表す単語を覚えながら、
会話フレーズを話してみましょう。

🎧49

□ 1 **晴れています。**
▶「晴了 qíng le」：晴れた

□ 2 **風が吹いています。**
▶「刮风 guā fēng」：風が吹く

□ 3 **雨が降りそうです。**
▶「下雨 xià yǔ」：雨が降る

□ 4 **大雨が降っています。**

□ 5 **今日は暑いです。**
▶「热 rè」：暑い

□ 6 **なんでこんなに暑いのですかね。**
▶「怎么这么 zěn me zhè me」：なんでこんなに〜

□ 7 **昨日はすごく寒かったです。**
▶「冷 lěng」：寒い

□ 8 **昨日は死ぬほど寒かったです。**
▶「冻死 dòng sǐ」（凍死させる）を使う。

中国語で「冷」と書くと、「冷たい」ではなく、「寒い」という意味です。日中では同じ漢字を使うことで便利なことがたくさんありますが、このように混乱しやすいこともあります。

1　tiān qíng le
天 晴 了 。
ティエン チィン ラ

2　guā fēng le
刮 风 了 。
グゥア フォン ラ

3　kuài yào xià yǔ le
快 要 下 雨 了 。
クゥアイ ヤオ シィア ユイ ラ

4　yǔ xià de hěn dà
雨 下 得 很 大 。
ユイ シィア ダ ヘン ダー

5　jīn tiān hěn rè
今 天 很 热 。
ヂィン ティエン ヘン ラー

6　zěn me zhè me rè
怎 么 这 么 热 。
ヅェン マ ヂァー マ ラー

7　zuó tiān tè bié lěng
昨 天 特 别 冷 。
ヅゥオ ティエン タァー ビエ レン

8　zuó tiān dòng sǐ wǒ le
昨 天 冻 死 我 了 。
ヅゥオ ティエン ドゥン スー ウオ ラ

第6章

129

天気②

天気の会話フレーズをもう少し練習しましょう。「にわか雨」「天気予報」などの単語を使いこなすのがポイントです。

□ **1** 今日の天気はどうですか。

▶「天气 tiān qì」：天気

□ **2** 今日はとても良い天気です。

▶「真好 zhēn hǎo」：とても良い

□ **3** 今日は晴れのち曇りです。

▶「晴转多云 qíng zhuǎn duō yún」：晴れのち曇り

□ **4** 夕方に、にわか雨があります。

▶「雷阵雨 léi zhèn yǔ」：にわか雨

□ **5** 天気予報によると、明日は雪が降るそうです。

▶「天气预报 tiān qì yù bào」：天気予報　「下雪 xià xuě」：雪が降る

□ **6** だんだん暖かくなってきました。

▶「越来越 yuè lái yuè」：だんだん～　「暖和 nuǎn huo」：暖かい

□ **7** 今は梅雨の時期です。

▶「梅雨季节 méi yǔ jì jié」：梅雨の時期

□ **8** 冬はとても乾燥します。

▶「干燥 gān zào」：乾燥して

中国語の「**说**」は「言う、話す」という意味です。「**天气预报说**」は日本語に訳すと、「天気予報が言う」ということになりますが、「天気予報では」「天気予報によると」と訳しましょう。ちょっと特別な言い方です。

1

jīn tiān tiān qì zěn me yàng
今天天气怎么样？
ヂン ティエン ティエン チー ヅェン マ ヤン

2

jīn tiān tiān qì zhēn hǎo
今天天气真好。
ヂン ティエン ティエン チー ヂェン ハオ

3

jīn tiān qíng zhuǎn duō yún
今天晴转多云。
ヂン ティエン チン ヂュアン ドゥオ ユン

4

bàng wǎn yǒu léi zhèn yǔ
傍晚有雷阵雨。
バン ウアン イオウ レイ ヂェン ユイ

5

tiān qì yù bào shuō míng tiān xià xuě
天气预报说明天下雪。
ティエン チー ユイ バオ シゥオ ミィン ティエン シィア シュエ

6

tiān qì yuè lái yuè nuǎn huo le
天气越来越暖和了。
ティエン チー ユエ ライ ユエ ヌゥアン ホゥオ ラ

7

xiàn zài shì méi yǔ jì jié
现在是梅雨季节。
シィエン ヅァイ シー メイ ユイ ヂー ヂィエ

8

dōng tiān fēi cháng gān zào
冬天非常干燥。
ドゥン ティエン フェイ チャン ガン ヅァオ

第6章

131

天気

- □ 好天 いい天気
  hǎo tiān
  ハオ ティエン

- □ 晴天 晴れた
  qíng tiān
  チン ティエン

- □ 阴天 曇りの
  yīn tiān
  イン ティエン

- □ 下雨 雨が降る
  xià yǔ
  シィア ユイ

- □ 下雪 雪が降る
  xià xuě
  シィア シュエ

- □ 下雷阵雨 にわか雨が降る
  xià léi zhèn yǔ
  シィア レイ ヂェン ユイ

- □ 下冰雹 雹が降る
  xià bīng báo
  シィア ビン バオ

- □ 热 暑い
  rè
  ラー

- □ 暖和 暖かい
  nuǎn huo
  ヌゥアン ホゥオ

- □ 闷热 蒸し暑い
  mēn rè
  メン ラー

- □ 冷 寒い
  lěng
  レン

- □ 凉快 涼しい
  liáng kuai
  リィアン クゥアイ

色

- □ 红色 赤
  hóng sè
  ホン スァ

- □ 白色 白
  bái sè
  バイ スァ

- □ 黑色 黒
  hēi sè
  ヘイ スァ

- □ 棕色 茶色
  zōng sè
  ヅゥン スァ

- □ 黄色 黄色
  huáng sè
  ホゥアン スァ

- □ 粉红色 ピンク
  fěn hóng sè
  フェン ホン スァ

- □ 蓝色 青
  lán sè
  ラン スァ

- □ 紫色 紫
  zǐ sè
  ヅー スァ

- □ 绿色 緑
  lǜ sè
  リュイ スァ

- □ 灰色 グレイ
  huī sè
  ホゥイ スァ

気持ちを伝える

🎧 Track **51 ～ 60**

喜ぶ・悲しむ

人に自分の気持ちを伝えるのは会話の基本です。まず、喜び・悲しみを表すフレーズから練習しましょう。

🎧 51

□ **1** **嬉しいです。**
▶「开心 kāi xīn」：嬉しい

□ **2** **楽しいです。**
▶「高兴 gāo xìng」：楽しい

□ **3** **すごく嬉しいです。**
▶「太〜了 tài 〜 le」：すごく〜だ

□ **4** **私は本当に楽しいです。**
▶「真是 zhēn shì」：本当に

□ **5** **悲しいです。**
▶「难过 nán guò」：悲しい

□ **6** **心が痛みます。**
▶「伤心 shāng xīn」：心が痛む

□ **7** **すごく心が痛みます。**

□ **8** **心から悲しんでいます。**
▶「心里 xīn li」：心から

中国語では、人の気持ちを表す単語は形容詞が多いです。形容詞の前には程度を表す副詞が必要になります。「普通」の程度は「**很**＋形容詞」、「すごく」という程度は「**真**＋形容詞」や「**太**＋形容詞＋**了**」で表します。

1
zhēn kāi xīn
真 开 心。
ヂェン カイ シィン

2
zhēn gāo xìng
真 高 兴。
ヂェン ガオ シィン

3
tài kāi xīn le
太 开 心 了。
タイ カイ シィン ラ

4
wǒ zhēn shì tài gāo xìng le
我 真 是 太 高 兴 了。
ウオ ヂェン シー タイ ガオ シィン ラ

5
wǒ hěn nán guò
我 很 难 过。
ウオ ヘン ナン グゥオ

6
wǒ hěn shāng xīn
我 很 伤 心。
ウオ ヘン シァン シィン

7
wǒ tài shāng xīn le
我 太 伤 心 了。
ウオ タイ シァン シィン ラ

8
wǒ xīn li tè bié nán guò
我 心 里 特 别 难 过。
ウオ シィン リ タァー ビエ ナン グゥオ

第7章

135

嫌がる・怒る・恥じる

ネガティブな気持ちを表すフレーズも知っておきましょう。キーになる単語を押さえれば、うまく表現できます。

🎧 52

☐ **1** **嫌だ。**
▶「讨厌 tǎo yàn」：嫌である

☐ **2** **とても嫌だ。**
▶「太〜了 tài 〜 le」を使う。

☐ **3** **頭にきた。**
▶「气死人 qì sǐ rén」：頭にくる

☐ **4** **本当にあり得ないです。**
▶「不像话 bú xiàng huà」：あり得ない

☐ **5** **恥ずかしいです。**
▶「丢人 diū rén」：恥ずかしい

☐ **6** **本当に恥ずかしいです。**
▶「难为情 nán wéi qíng」：恥ずかしい

☐ **7** **面目ありません。**
▶「脸 liǎn」（顔）を使う。

☐ **8** **面目丸つぶれです。**
▶「脸 liǎn」（顔）、「丢 diū」（なくす）を使う。

「恥ずかしい」を中国語で言うと「**丢人**」と「**丢脸**」ですが、「**丢**」は「なくす」という意味で、例えば「**丢东西**」は「物をなくす」です。人や顔をなくすほど恥ずかしいという意味合いです。

1
zhēn tǎo yàn
真 讨 厌 。
ヂェン タオ イエン

2
tài tǎo yàn le
太 讨 厌 了 。
タイ タオ イエン ラ

3
qì sǐ rén le
气 死 人 了 。
チー スー レン ラ

4
tài bú xiàng huà le
太 不 像 话 了 。
タイ ブー シィアン ホゥア ラ

5
zhēn diū rén
真 丢 人 。
ヂェン ディウ レン

6
zhēn nán wéi qíng
真 难 为 情 。
ヂェン ナン ウエイ チィン

7
méi liǎn jiàn rén
没 脸 见 人 。
メイ リィエン ヂィエン レン

8
liǎn dōu diū jìn le
脸 都 丢 尽 了 。
リィエン ドウ ディウ ヂィン ラ

第7章

驚く・羨む

驚く・羨むという気持ちを表す
フレーズです。日本語と使い方が
異なる表現に注意しましょう。

🎧 53

- [ ] **1** **びっくりしました。**
  ▶「吃惊 chī jīng」(驚く)を使う。

- [ ] **2** **すごくびっくりしました。**
  ▶「太〜了 tài 〜 le」を使う。

- [ ] **3** **飛び上がるほどびっくりしました。**
  ▶「吓 xià」(驚かせる)を使う。

- [ ] **4** **本当に信じられないです。**
  ▶「相信 xiāng xìn」:信じる

- [ ] **5** **あなたが羨ましいです。**
  ▶「羡慕 xiàn mù」:羨ましい

- [ ] **6** **あなたが本当に羨ましいです。**
  ▶「太〜了 tài 〜 le」を使う。

- [ ] **7** **あなたが本当に羨ましいです。**

- [ ] **8** **みんなが彼を羨んでいます。**
  ▶「大家 dà jiā」:みんな

表現のポイント

「羡慕」は「羨ましい」という意味です。日本語では、何かについて羨ましいという言う場合に、「羨ましい」単独で使うこともあります。しかし、中国語では、「羡慕」を単独で使うことはほとんどなく、「羡慕＋人・事柄」という形で使います。

1
dà chī yì jīng
大吃一惊。
ダー チー イー ヂィン

2
tài chī jīng le
太吃惊了。
タイ チー ヂィン ラ

3
xià wǒ yí tiào
吓我一跳。
シィア ウオ イー ティアオ

4
zhēn bù gǎn xiāng xìn
真不敢相信。
ヂェン ブー ガン シィアン シィン

5
zhēn xiàn mù nǐ
真羡慕你。
ヂェン シィエン ムー ニー

6
wǒ tài xiàn mù nǐ le
我太羡慕你了。
ウオ タイ シィエン ムー ニー ラ

7
kàn nǐ duō hǎo a
看你多好啊。
カン ニー ドゥオ ハオ ア

8
dà jiā dōu xiàn mù tā
大家都羡慕他。
ダー ヂィア ドウ シィエン ムー ター

第7章

自信がある・謙遜する

自信を示したり、逆に謙遜したりするときに使うフレーズです。漢字が日中で意味の違うものがあります。

□ 1 **私は自信があります。**
▶「把握 bǎ wò」：自信

□ 2 **私は自信満々です。**
▶「信心 xìn xīn」：自信

□ 3 **私は自信がありません。**

□ 4 **私は自信がまったくありません。**
▶「一点ル～也没有 yì diǎnr ～ yě méi yǒu」：まったく～ない

□ 5 **とんでもありません。**
▶「哪里 nǎ li」を使う。

□ 6 **褒めすぎですよ。**
▶「奖 jiǎng」：褒める

□ 7 **お褒めいただき恐縮です。**
▶「夸奖 kuā jiǎng」：褒める

□ 8 **当たり前のことをしただけです。**
▶「这是 zhè shì」で始める。

表現のポイント

会話練習Check▶ 1 2 3 4 5

中国語の「**把握**」には「自信」という意味があります。「**有把握**」は「自信がある」、「**没有把握**」は「自信がない」という意味です。勘違いしやすいので、気をつけましょう。

1
wǒ hěn yǒu bǎ wò
我 很 有 把 握 。
ウオ ヘン イオウ バー ウオ

2
wǒ xìn xīn shí zú
我 信 心 十 足 。
ウオ シィン シィン シー ヅゥ

3
wǒ méi yǒu xìn xīn
我 没 有 信 心 。
ウオ メイ イオウ シィン シィン

4
wǒ yì diǎnr bǎ wò yě méi yǒu
我 一 点 儿 把 握 也 没 有 。
ウオ イー ディアル バー ウオ イエ メイ イオウ

5
nǎ li nǎ li
哪 里 哪 里 。
ナー リ ナー リ

6
nǐ guò jiǎng le
你 过 奖 了 。
ニー グゥオ ヂアン ラ

7
chéng méng kuā jiǎng
承 蒙 夸 奖 。
チェン メン クゥア ヂアン

8
zhè shì yīng gāi de
这 是 应 该 的 。
ヂァー シー イン ガイ ダ

第7章

141

落ち込む・慰める

気分が沈んでいることを表すフレーズと、そんな人を慰めるフレーズです。キーになる単語を使いこなしましょう。

🎧55

☐ 1 **私はちょっと落ち込んでいます。**

▶「郁闷 yù mèn」：落ち込んでいる

☐ 2 **私は機嫌が良くないです。**

▶「心情 xīn qíng」（気分）を使う。

☐ 3 **私はもう耐えられないです。**

▶「受不了 shòu bu liǎo」：耐えられない

☐ 4 **私はもう我慢できないです。**

▶「熬不过去 áo bu guo qu」：乗り切れない

☐ 5 **泣かないでください。**

▶「哭 kū」：泣く

☐ 6 **悲しまないでください。**

▶「伤心 shāng xīn」：悲しむ

☐ 7 **自分を追い詰めないでください。**

▶「想开 xiǎng kāi」：くよくよしない

☐ 8 **元気を出してください。**

▶「振作 zhèn zuò」：元気を出す

中国語の「**心情**」は「気持ち、気分」という意味です。「**心情很好**」は「気分上々」、「**心情不好**」は「機嫌が悪い、落ち込んでいる」という意味になります。

1
wǒ yǒu diǎnr yù mèn
我 有 点 儿 郁 闷 。
ウオ イオウ ディアル ユイ メン

2
wǒ xīn qíng bú tài hǎo
我 心 情 不 太 好 。
ウオ シン チィン ブー タイ ハオ

3
wǒ shí zài shòu bu liǎo le
我 实 在 受 不 了 了 。
ウオ シー ヅァイ シォウ ブ リィアオ ラ

4
wǒ shí zài áo bu guo qu le
我 实 在 熬 不 过 去 了 。
ウオ シー ヅァイ アオ ブ グゥオ チュイ ラ

5
bié kū le
别 哭 了 。
ビエ クゥー ラ

6
bié shāng xīn le
别 伤 心 了 。
ビエ シァン シィン ラ

7
xiǎng kāi yì diǎnr
想 开 一 点 儿 。
シィアン カイ イー ディアル

8
zhèn zuò qi lai
振 作 起 来 。
ヂェン ヅゥオ チー ライ

第7章

UNIT 56

失望する・後悔する

失望や後悔の気持ちを表すフレーズ
です。「让」「别」「不该」などの基本表
現が活躍します。

🎧 56

□ **1** **すごく失望しました。**

▶「失望 shī wàng」：失望する

□ **2** **あなたにすごく失望しました。**

▶「让 ràng」（〜させる）を使う。

□ **3** **失望させないでください。**

▶「别 bié」（〜させないで）を使う。

□ **4** **私は絶対にあなたを失望させません。**

▶「一定 yí dìng」：絶対に

□ **5** **私は後悔しています。**

▶「后悔 hòu huǐ」：後悔する

□ **6** **あんなふうにしてはいけなかった。**

▶「不该 bù gāi」：〜してはいけない

□ **7** **あんなことを言うべきではなかった。**

□ **8** **彼にあんなことをすべきではなかった。**

▶「对 duì」（〜に対して）を使う。

中国語の「**不该 bù gāi**」は「～をするべきではない」という意味です。「**不该＋事柄**」という形で使います。また、「**不应该 bù yīng gāi**」とも言います。

1
wǒ tài shī wàng le
我太失望了。
ウオ タイ シー ウアン ラ

2
nǐ tài ràng wǒ shī wàng le
你太让我失望了。
ニー タイ ラン ウオ シー ウアン ラ

3
bié ràng wǒ shī wàng
别让我失望。
ビエ ラン ウオ シー ウアン

4
wǒ yí dìng bú huì ràng nǐ shī wàng
我一定不会让你失望。
ウオ イー ディン ブー ホウイ ラン ニー シー ウアン

5
wǒ zhēn hòu huǐ
我真后悔。
ウオ チェン ホウ ホウイ

6
bù gāi nà me zuò
不该那么做。
ブー ガイ ナー マ ヅゥオ

7
bù gāi nà me shuō
不该那么说。
ブー ガイ ナー マ シゥオ

8
bù gāi nà me duì tā
不该那么对他。
ブー ガイ ナー マ ドゥイ ター

第7章

満足する・不満だ

満足である気持ちを表すフレーズ
と、逆に不満を表明するフレーズを
一緒に練習しましょう。

🎧57

□ **1** 私は満足しています。

▶「満意 mǎn yì」：満足する

□ **2** 私はすごく満足しています。

▶「太〜了 tài 〜 le」を使う。

□ **3** 私はもう大満足です。

▶「已经 yǐ jīng」：もう、すでに

□ **4** 私は彼に非常に満足しています。

▶「非常 fēi cháng」：とても、非常に

□ **5** 何を言っているの？

□ **6** こんなことを言っちゃダメだよ。

▶「怎么〜这么 zěn me 〜 zhè me」を使う。

□ **7** こんなことをしちゃダメだよ。

▶「做 zuò」：する

□ **8** 私はあなたにとても不満です。

▶「不满 bù mǎn」：不満だ

日本語の「満足する」は動詞であるのに対して、中国語の「満意」は形容詞として使います。このように日本語では動詞で、中国語では形容詞であるものが数多くあります。例えば、日本語の「太る」(胖 pàng)、「痩せる」(瘦 shòu)、「疲れる」(累 lèi)など。

1
wǒ hěn mǎn yì
我 很 满 意。
ウオ ヘン マン イー

2
wǒ tài mǎn yì le
我 太 满 意 了。
ウオ タイ マン イー ラ

3
wǒ yǐ jīng hěn mǎn yì le
我 已 经 很 满 意 了。
ウオ イー ヂィン ヘン マン イー ラ

4
wǒ duì tā fēi cháng mǎn yì
我 对 他 非 常 满 意。
ウオ ドゥイ ター フェイ チャン マン イー

5
nǐ shuō shén me ne
你 说 什 么 呢?
ニー シゥオ シェン マ ナ

6
nǐ zěn me néng zhè me shuō ne
你 怎 么 能 这 么 说 呢?
ニー ヅェン マ ネン ヂァー マ シゥオ ナ

7
nǐ zěn me néng zhè me zuò ne
你 怎 么 能 这 么 做 呢?
ニー ヅェン マ ネン ヂェン マ ヅゥオ ナ

8
wǒ duì nǐ hěn bù mǎn
我 对 你 很 不 满。
ウオ ドゥイ ニー ヘン ブー マン

迷う・決心する

迷う心情と決意を固める気持ち
を表すフレーズです。中国語の表
現の慣用にも注意しながら練習し
ましょう。

□ **1** **私はどうすればいいですか。**
▶「怎么办 zěn me bàn」：どうする？

□ **2** **どうしたらいいの？**
▶「这可 zhè kě」で始める。

□ **3** **私はちょっと迷っています。**
▶「犹豫 yóu yù」：迷う

□ **4** **どうすればいいかわかりません。**
▶「不知道 bù zhī dào」：わからない

□ **5** **なかなか決心ができないです。**
▶「决心 jué xīn」：決心する

□ **6** **私は決めました。**
▶「决定 jué dìng」：決める

□ **7** **私はもう迷わないです。**
▶「不再～了 bú zài ～ le」：もうこれ以上～しない

□ **8** **私は自分の考えを変えません。**
▶「主意 zhǔ yi」：考え

日本語では、「私は迷っている」と言いますが、中国語で「**我犹豫**」とは言いません。「**犹豫**」の前に「**有点儿**」(少し)を付けて使います。「**有点儿犹豫**」を一つの言葉として覚えておくと便利でしょう。

1
wǒ gāi zěn me bàn ne
我 该 怎 么 办 呢?
ウオ ガイ ヅェン マ バン ナ

2
zhè kě zěn me bàn a
这 可 怎 么 办 啊?
ヂァー カー ヅェン マ バン ア

3
wǒ yǒu diǎnr yóu yù
我 有 点 儿 犹 豫。
ウオ イオウ ディアル イオウ ユイ

4
bù zhī dào gāi zěn me bàn
不 知 道 该 怎 么 办。
ブー ヂー ダオ ガイ ヅェン マ バン

5
wǒ zěn me yě xià bu liǎo jué xīn
我 怎 么 也 下 不 了 决 心。
ウオ ヅェン マ イエ シィア ブ リィアオ ヂュエ シィン

6
wǒ jué dìng le
我 决 定 了。
ウオ ヂュエ ディン ラ

7
wǒ bú zài yóu yù le
我 不 再 犹 豫 了。
ウオ ブー ヅァイ イオウ ユイ ラ

8
wǒ bú huì gǎi biàn zhǔ yi
我 不 会 改 变 主 意。
ウオ ブー ホゥイ ガイ ビィエン ヂゥー イー

第7章

149

悩む・心配する

悩んだり心配したりする気持ちを表すフレーズです。日本語と同じ漢字で意味・用法が異なるものに注意しましょう。

□ 1 **私はすごく困っています。**
▶「愁死 chóu sǐ」：すごく困らせる

□ 2 **私は今、困っているんです。**
▶「发愁 fā chóu」：困る

□ 3 **困ってしまいます。**
▶「怎么能 zěn me néng」（どうして〜できようか）を使う。

□ 4 **私は心配しています。**
▶「担心 dān xīn」：心配する

□ 5 **やはり安心できませんね。**
▶「放心 fàng xīn」：安心する

□ 6 **心配せずにはいられないです。**
▶「能不〜吗? néng bù 〜 ma」（〜せずにいられようか）を使う。

□ 7 **心配しないでください。**
▶「别 bié」（〜しないで）を使う。

□ 8 **安心してください。大丈夫ですよ。**
▶「没事儿 méi shìr」：大丈夫だ

中国語の「**放心**」は「安心する」という意味で、日本語の意味と少し違います。また、「**放心**」は形容詞なので、前に程度を表す副詞の「**很**」などを忘れないでください。

---

1 chóu sǐ wǒ le
愁 死 我 了 。
チョウ スー ウオ ラ

---

2 wǒ zhèng fā chóu ne
我 正 发 愁 呢 。
ウオ ヂェン ファー チォウ ナ

---

3 zěn me néng bù chóu ne
怎 么 能 不 愁 呢 。
ヅェン マ ネン ブー チォウ ナ

---

4 wǒ hěn dān xīn
我 很 担 心 。
ウオ ヘン ダン シィン

---

5 wǒ hái shi bú fàng xīn
我 还 是 不 放 心 。
ウオ ハイ シ ブー ファン シィン

---

6 néng bù dān xīn ma
能 不 担 心 吗 ?
ネン ブー ダン シィン マ

---

7 bié dān xīn
别 担 心 。
ビエ ダン シィン

---

8 fàng xīn ba méi shìr
放 心 吧 , 没 事 儿 。
ファン シィン バ　メイ シール

第7章

緊張する・焦る

緊張したり、プレッシャーを感じたり、焦ったりする気持ちを表すフレーズです。キーになる表現を押さえて話してみましょう。

□ **1** 私はちょっと緊張しています。
▶「緊张 jǐn zhāng」：緊張している

□ **2** 緊張して震えています。
▶「发抖 fā dǒu」：震える

□ **3** プレッシャーが大きいです。
▶「压力 yā lì」：プレッシャー、圧力

□ **4** 緊張しないでください。
▶「别 bié」（〜しないで）を使う。

□ **5** 死ぬほど焦っています。
▶「急死 jí sǐ」で始める。

□ **6** すごく焦りました。
▶「把 bǎ」で始める。

□ **7** 焦ってもしかたないですよ。
▶「着急 zháo jí」：焦る

□ **8** 焦らないでゆっくりやりましょう。
▶「慢慢儿 màn mānr」：ゆっくり

日本語の「少し、ちょっと」は中国語では、「望ましい場合」と「望ましくない場合」とで使い分けます。「望ましい場合」は「一点儿」、「望ましくない場合」は「有点儿」を使います。UNIT 58の「有点儿犹豫」は望ましくない場合です。「紧张」も同様です。

1
wǒ yǒu diǎnr jǐn zhāng
我有点儿紧张。
ウオ イオウ ディアル ヂィン チャン

2
jǐn zhāng de zhí fā dǒu
紧张得直发抖。
ヂィン チャンダ ヂー ファー ドウ

3
yā lì hěn dà
压力很大。
ヤー リー ヘンダー

4
bié jǐn zhāng
别紧张。
ビエ ヂィン チャン

5
jí sǐ wǒ le
急死我了。
ヂー スー ウオラ

6
bǎ wǒ jí sǐ le
把我急死了。
バー ウオ ヂー スー ラ

7
nǐ zháo jí yě méi yòng a
你着急也没用啊。
ニー ヂャオ ヂー イエ メイ イヨン ア

8
bié zháo jí màn mānr lái
别着急，慢慢儿来。
ビエ ヂャオ ヂー　マン マール ライ

第7章

飲み物

yǐn liào □ **饮料** 飲み物 イン リィアオ		lěng yǐn □ **冷饮** 冷たい飲み物 レン イン	
rè yǐn □ **热饮** 温かい飲み物 ラー イン		kě lè □ **可乐** コーラ カー ラー	
hóng chá □ **红茶** 紅茶 ホン チャー		huā chá □ **花茶** ジャスミン茶 ホゥア チャー	
lù chá □ **绿茶** 緑茶 リュイ チャー		wū lóng chá □ **乌龙茶** ウーロン茶 ウー ロゥン チャー	
kā fēi □ **咖啡** コーヒー カー フェイ		kuàng quán shuǐ □ **矿泉水** ミネラルウォーター クゥアン チュアン シゥイ	
chéng zhī □ **橙汁** オレンジジュース チェン ヂー		píng guǒ zhī □ **苹果汁** アップルジュース ピィン グゥオ ヂー	
fān qié zhī □ **番茄汁** トマトジュース ファン チィエ ヂー		qīng liáng yǐn liào □ **清凉饮料** ソフトドリンク チン リィアン イン リィアオ	
hóng jiǔ □ **红酒** 赤ワイン ホン ヂィウ		bái jiǔ □ **白酒** 白ワイン バイ ヂィウ	
shào xīng jiǔ □ **绍兴酒** 紹興酒 シャオ シィン ヂィウ		pí jiǔ □ **啤酒** ビール ピー ヂィウ	

Track **61 ~ 66**

人に自分の友人を紹介するフレーズです。基本パターンに単語を入れ替えて話してみましょう。

🎧 61

□ 1 **こちらは私の友達です。**
▶「朋友 péng you」：友達

□ 2 **こちらは私の大親友（女性）です。**
▶「闺密 guī mì」：(大)親友

□ 3 **こちらは私の同僚です。**
▶「同事 tóng shì」：同僚

□ 4 **こちらは私の大学の同級生です。**
▶「大学同学 dà xué tóng xué」：大学の同級生

□ 5 **こちらは私の幼なじみです。**
▶「发小儿 fà xiǎor」：幼なじみ

□ 6 **私たちは仲のいい友達です。**
▶「好朋友 hǎo péng you」：仲のいい友達

□ 7 **私たちは古い友人です。**
▶「老朋友 lǎo péng you」：古い友人

□ 8 **彼女は私によくしてくれます。**
▶「对～很好 duì ～ hěn hǎo」：～によくしてくれる

「这」は「これ、こちら」という意味で、物にも人にも使えます。物を「これ は〇〇です」と言う場合は「这是＋物」、人を「こちらは〇〇です」と言う 場合は「这是＋人」とします。

1
zhè shì wǒ péng you
这 是 我 朋 友 。
ヂァー シー ウオ ペン イオウ

2
zhè shì wǒ guī mì
这 是 我 闺 密 。
ヂァー シー ウオ グゥイ ミー

3
zhè shì wǒ tóng shì
这 是 我 同 事 。
ヂァー シー ウオ トゥン シー

4
zhè shì wǒ dà xué tóng xué
这 是 我 大 学 同 学 。
ヂァー シー ウオ ダー シュエ トゥン シュエ

5
zhè shì wǒ fà xiǎor
这 是 我 发 小 儿 。
ヂァー シー ウオ ファー シィアオル

6
wǒ men shì hǎo péng you
我 们 是 好 朋 友 。
ウオ メン シー ハオ ペン イオウ

7
wǒ men shì lǎo péng you
我 们 是 老 朋 友 。
ウオ メン シー ラオ ペン イオウ

8
tā duì wǒ hěn hǎo
她 对 我 很 好 。
ター ドゥイ ウオ ヘン ハオ

第8章

男女交際①

ガールフレンドやボーイフレンド
を紹介するフレーズです。女性や
男性を褒める言葉も知っておき
ましょう。

□ **1** ## こちらは私の彼女です。
▶「女朋友 nǚ péng you」：ガールフレンド、彼女

□ **2** ## こちらは私の彼氏です。
▶「男朋友 nán péng you」：ボーイフレンド、彼氏

□ **3** ## こちらは私の元カノです。
▶「前女友 qián nǚ you」：元カノ

□ **4** ## こちらは私の元カレです。
▶「前男友 qián nán you」：元カレ

□ **5** ## あなたの彼女はきれいですね。
▶「漂亮 piào liang」：きれいな

□ **6** ## あなたの彼女は可愛いですね。
▶「可爱 kě ' ài」：可愛い

□ **7** ## あなたの彼氏はカッコいいですね。
▶「帅 shuài」：カッコいい

□ **8** ## あなたの彼氏は優しいですね。
▶「体贴 tǐ tiē」：優しい、思いやりのある

日本語では「元カレ」「元カノ」と、「元」という言葉を使うのに対して、中国語では**「前」**という言葉を使います。「彼」「彼女」だけではなく、**「前总理」**(元首相)などという言い方もします。

1
zhè shì wǒ nǚ péng you
这 是 我 女 朋 友 。
ヂァー シー ウオ ニュイ ペン イオウ

2
zhè shì wǒ nán péng you
这 是 我 男 朋 友 。
ヂァー シー ウオ ナン ペン イオウ

3
zhè shì wǒ qián nǚ you
这 是 我 前 女 友 。
ヂァー シー ウオ チィエン ニュイ イオウ

4
zhè shì wǒ qián nán you
这 是 我 前 男 友 。
ヂァー シー ウオ チィエン ナン イオウ

5
nǐ nǚ péng you zhēn piào liang
你 女 朋 友 真 漂 亮 。
ニー ニュイ ペン イオウ ヂェン ピィアオ リィアン

6
nǐ nǚ péng you zhēn kě 'ài
你 女 朋 友 真 可 爱 。
ニー ニュイ ペン イオウ ヂェン カー アイ

7
nǐ nán péng you zhēn shuài
你 男 朋 友 真 帅 。
ニー ナン ペン イオウ ヂェン シゥアイ

8
nǐ nán péng you zhēn tǐ tiē
你 男 朋 友 真 体 贴 。
ニー ナン ペン イオウ ヂェン ティー ティエ

第8章

男女交際②

男女交際をテーマにしたフレーズ
です。よく使う単語を意識しながら
話してみましょう。

🎧 63

☐ 1 **馴れ初めは何だったのですか。**
▶「认识 rèn shi」：知り合う

☐ 2 **私たちは同僚でした。**
▶「同事 tóng shì」：同僚

☐ 3 **私たちは大学の同級生でした。**
▶「大学同学 dà xué tóng xué」：大学の同級生

☐ 4 **あなたは彼女がいますか。**
▶「女朋友 nǚ péng you」：彼女

☐ 5 **可愛い彼女がほしいです。**
▶「大美女 dà měi nǚ」：可愛い女性

☐ 6 **あなたは彼氏がいますか。**
▶「男朋友 nán péng you」：彼氏

☐ 7 **イケメンの彼氏がほしいです。**
▶「帅哥 shuài gē」：イケメン

☐ 8 **あの二人は付き合っています。**
▶「谈恋爱 tán liàn ài」：付き合っている、恋愛をする

日本語では「付き合っている、恋愛している」と言いますが、中国語では「恋爱」は単独で使わず、「谈恋爱」として使います。「谈」は「話す、話し合う」という意味です。

1
nǐ men shì zěn me rèn shi de
你们是怎么认识的？
ニー メン シー ヅェン マ レン シ ダ

2
wǒ men shì tóng shì
我们是同事。
ウオ メン シー トゥン シー

3
wǒ men shì dà xué tóng xué
我们是大学同学。
ウオ メン シー ダー シュエ トゥン シュエ

4
nǐ yǒu nǚ péng you ma
你有女朋友吗？
ニー イオウ ニュイ ペン イオウ マ

5
wǒ xiǎng zhǎo ge dà měi nǚ zuò nǚ péng you
我想找个大美女做女朋友。
ウオ シィアン ヂャオ ガ ダー メイ ニュイ ヅオ ニュイ ペン イオウ

6
nǐ yǒu nán péng you ma
你有男朋友吗？
ニー イオウ ナン ペン イオウ マ

7
wǒ xiǎng zhǎo ge shuài gē zuò nán péng you
我想找个帅哥做男朋友。
ウオ シィアン ヂャオ ガ シゥアイ ガー ヅゥオ ナン ペン イオウ

8
tā men liǎng ge tán liàn 'ài ne
他们两个谈恋爱呢。
ター メン リィアン ガ タン リィエン アイ ナ

愛情表現

愛情を表現するフレーズは日本語よりも英語に近いです。パートナーを紹介するフレーズも覚えておきましょう。

🎧 64

☐ 1 **愛しています。**

▶「爱 ài」：愛する

☐ 2 **好きです。**

▶「喜欢 xǐ huan」：好きだ

☐ 3 **心から愛しています。**

▶「真心 zhēn xīn」：心から

☐ 4 **あなたがいないとダメです。**

▶「不行 bù xíng」：ダメだ、よくない

☐ 5 **あなたなしではやっていけません。**

▶「离不开 lí bu kāi」：離れられない

☐ 6 **こちらは私の妻です。**

▶「妻子 qī zi」：妻

☐ 7 **こちらは私の夫です。**

▶「丈夫 zhàng fu」：夫

☐ 8 **彼らはおしどり夫婦です。**

▶「感情很好 gǎn qíng hěn hǎo」：仲がいい

日本語では「好きだ、愛している」と言うだけで、「誰が・誰を」とはっきりと言わないこともよくあります。しかし、中国語では、それらを必ず明白にします。「**我爱你**」(私はあなたを愛している)、「**他喜欢我**」(彼は私のことが好きです)のように言います。

1
wǒ ài nǐ
我 爱 你 。
ウオ アイ ニー

2
wǒ xǐ huan nǐ
我 喜 欢 你 。
ウオ シー ホゥアン ニー

3
wǒ zhēn xīn ài nǐ
我 真 心 爱 你 。
ウオ ヂェン シィン アイ ニー

4
wǒ méi nǐ bù xíng
我 没 你 不 行 。
ウオ メイ ニー ブー シィン

5
wǒ lí bu kāi nǐ
我 离 不 开 你 。
ウオ リー ブ カイ ニー

6
zhè shì wǒ qī zi
这 是 我 妻 子 。
ヂァー シー ウオ チー ヅ

7
zhè shì wǒ zhàng fu
这 是 我 丈 夫 。
ヂァー シー ウオ ヂャン フゥ

8
tā men fū qī gǎn qíng hěn hǎo
他 们 夫 妻 感 情 很 好 。
ター メン フゥー チー ガン チィン ヘン ハオ

第8章

結婚する

プロポーズや結婚のフレーズです。
新郎新婦を祝福するフレーズも覚
えておきましょう。

🎧 65

□ **1** 私は彼女にプロポーズしました。

▶「求婚 qiú hūn」：求婚する

□ **2** 彼女は私のプロポーズを受けてくれました。

▶「接受 jiē shòu」：受け入れる

□ **3** 私たちはもうすぐ結婚します。

▶「结婚 jié hūn」：結婚する

□ **4** 私たちはすでに入籍しました。

▶「领证 lǐng zhèng」：入籍する

□ **5** 私たちは来月、結婚式をあげます。

▶「举办婚礼 jǔ bàn hūn lǐ」：結婚式をあげる

□ **6** お幸せに。

▶「幸福 xìng fú」：幸せ

□ **7** 末永くお幸せに。

▶「白头偕老 bái tóu xié lǎo」：一緒に歳を重ねる

□ **8** あなたたちはお似合いですよ。

▶「般配 bān pèi」：似つかわしい、お似合いだ

最近、中国には「〇〇婚」という言葉が数多くあります。「**闪婚**」(電撃結婚)、「**共生婚**」(部屋も食事も別々だが、共に生きるための結婚)。それから、「**奉子成婚**」(できちゃった婚)、またの言い方は「**先上车后补票**」(先に乗車して、その後に切符を買う)です。

1

wǒ xiàng tā qiú hūn le
我 向 她 求 婚 了 。
ウオ シィアン ター チィウ ホゥン ラ

2

tā jiē shòu le wǒ de qiú hūn
她 接 受 了 我 的 求 婚 。
ター ヂィエ シォウ ラ ウオ ダ チィウ ホゥン

3

wǒ men kuài yào jié hūn le
我 们 快 要 结 婚 了 。
ウオ メン クゥアイ ヤオ ヂィエ ホゥン ラ

4

wǒ men yǐ jīng lǐng zhèng le
我 们 已 经 领 证 了 。
ウオ メン イー ヂィン リン ヂェン ラ

5

wǒ men xià ge yuè jǔ bàn hūn lǐ
我 们 下 个 月 举 办 婚 礼 。
ウオ メン シィア ガ ユエ ヂゥイ バン ホゥン リー

6

zhù nǐ men xìng fú
祝 你 们 幸 福 。
ヂゥー ニー メン シィン フゥー

7

zhù nǐ men bái tóu xié lǎo
祝 你 们 白 头 偕 老 。
ヂゥー ニー メン バイ トウ シィエ ラオ

8

nǐ men hěn bān pèi
你 们 很 般 配 。
ニー メン ヘン バン ペイ

第8章

UNIT 66 破局・離婚

中国でも日本同様、離婚は増えています。破局・離婚のフレーズも使う機会があるかもしれません。

🎧 66

□ **1** 私たちは性格が合わないです。

▶「合不来 hé bu lái」：性格が合わない、そりが合わない

□ **2** 私たちは別れました。

▶「分手 fēn shǒu」：別れる

□ **3** 彼ら二人はうまくいかないです。

▶「不般配 bù bān pèi」：相性がよくない

□ **4** 私たちは考え方が違います。

▶「三观不一样 sān guān bù yí yàng」：考え（価値観）はそれぞれ違う

□ **5** 私は離婚したいです。

▶「离婚 lí hūn」：離婚する

□ **6** なぜ離婚したのですか。

□ **7** 彼は不倫をしていました。

▶「出轨 chū guǐ」：不倫（浮気）をする

□ **8** 彼らは愛情がなくなりました。

▶「破裂 pò liè」（決裂する）を使う。

最近、中国では夫の不倫相手のことを「**小三儿**」と呼んでいます。夫婦の前に第三者が現れるという意味から名づけられたようです。また、「不倫」のことは「**出轨**」と言います。「**轨**」はレールの意味で、「レールから外れた」という意味です。

1
wǒ men hé bu lái
我 们 合 不 来 。
ウオ メン ハー ブ ライ

2
wǒ men fēn shǒu le
我 们 分 手 了 。
ウオ メン フェン シオウ ラ

3
tā men liǎng ge bù bān pèi
他 们 两 个 不 般 配 。
ター メン リィアン ガ ブー バン ペイ

4
wǒ men de sān guān bù yí yàng
我 们 的 三 观 不 一 样 。
ウオ メン ダ サン グゥアン ブー イー ヤン

5
wǒ xiǎng lí hūn
我 想 离 婚 。
ウオ シィアン リー ホゥン

6
wèi shén me lí hūn
为 什 么 离 婚 ？
ウエイ シェン マ リー ホゥン

7
tā chū guǐ le
他 出 轨 了 。
ター チゥー グゥイ ラ

8
tā men gǎn qíng pò liè le
他 们 感 情 破 裂 了 。
ター メン ガン チィン ポー リィエ ラ

果物

□ **水果** 果物
shuǐ guǒ
シゥイ グゥオ

□ **苹果** リンゴ
píng guǒ
ピィン グゥオ

□ **橘子** ミカン
jú zi
ヂュイ ヅ

□ **草莓** イチゴ
cǎo méi
ツァオ メイ

□ **梨** ナシ
lí
リー

□ **葡萄** ブドウ
pú tao
プゥー タオ

□ **桃** モモ
táo
タオ

□ **西瓜** スイカ
xī guā
シー グゥア

□ **甜瓜** メロン
tián guā
ティエン グゥア

□ **菠萝** パイナップル
bō luó
ボー ルオ

□ **香蕉** バナナ
xiāng jiāo
シィアン ヂィアオ

□ **猕猴桃** キウイ
mí hóu táo
ミー ホウ タオ

デザート・お菓子

□ **零食** おやつ
líng shí
リン シー

□ **点心** おやつ、デザート
diǎn xin
ヂィエン シィン

□ **甜点** デザート
tián diǎn
ティエン ディエン

□ **巧克力** チョコレート
qiǎo kè lì
チィアオ カー リー

□ **蛋糕** ケーキ
dàn gāo
ダン ガオ

□ **冰激凌** アイスクリーム
bīng ji líng
ビン ヂ リン

□ **酸奶** ヨーグルト
suān nǎi
スゥアン ナイ

□ **布丁** プリン
bù dīng
ブー ティン

第9章

食事をする

🎧 Track **67 ~ 74**

レストラン

レストランに入店するときのフレーズです。店員さんとのやりとりを想定して練習してみましょう。

□ 1 **何名様でしょうか。**
▶「几位 jǐ wèi」：何名様

□ 2 **三人です。**
▶「数字＋个人 ge rén」：〜人

□ 3 **空いている席はありますか。**
▶「空座位 kòng zuò wèi」：空いている席

□ 4 **個室はありますか。**
▶「单间 dān jiān」：個室

□ 5 **窓際の席をお願いします。**
▶「靠窗户的座位 kào chuāng hu de zuò wèi」：窓際の席

□ 6 **こちらへどうぞ。**
▶「这边 zhè bian」：こちらへ

□ 7 **この席でよろしいでしょうか。**

□ 8 **こちらがメニューです。**
▶「菜谱 cài pǔ」：メニュー

中国では、高級レストランでなくても、少し規模が大きいレストランなら入り口にドアマンが立っているのが普通です。値段はそれほど高くないことが多いので、気軽に入ってみましょう。

1
nín jǐ wèi
您 几 位 ？
ニィン ヂー ウエイ

2
sān ge rén
三 个 人 。
サン ガ レン

3
yǒu kòng zuò wèi ma
有 空 座 位 吗 ？
イオウ クゥン ヅゥオ ウエイ マ

4
yǒu dān jiān ma
有 单 间 吗 ？
イオウ ダン ヂィエン マ

5
yào kào chuāng hu de zuò wèi
要 靠 窗 户 的 座 位 。
ヤオ カオ チュアン ホゥ ダ ヅゥオ ウエイ

6
zhè bian qǐng
这 边 请 。
ヂァー ビィエン チィン

7
zhè ge zuò wèi kě yǐ ma
这 个 座 位 可 以 吗 ？
ヂァー ガ ヅゥオ ウエイ カー イー マ

8
zhè shì cài pǔ
这 是 菜 谱 。
ヂァー シー ツァイ プゥー

注文する①

接客係に料理を注文するときの
フレーズです。シンプルな表現を
使うだけで、とても簡単に注文で
きます。

🎧 68

□ 1 **メニューを見せてください。**

▶「菜单 cài dān」：メニュー

□ 2 **ご注文されますか。**

▶「点菜 diǎn cài」：注文する

□ 3 **すみません、注文します。**

▶「服务员 fú wù yuán」（接客係）を使う。

□ 4 **ビールを1本とジュースを1つください。**

▶「啤酒 pí jiǔ」：ビール 「果汁 guǒ zhī」：ジュース

□ 5 **これとこれとこれをください。**

▶「这个 zhè ge」：これ

□ 6 **注文は以上です。**

▶「就要～了 jiù yào ～ le」を使う。

□ 7 **他に何かご注文は？**

▶「还 hái」（他に）を使う。

□ 8 **他は大丈夫です。**

▶「别的 bié de」（他のもの）を使う。

中国語で「メニュー」は2つの言い方があります。「菜単 cài dān」と「菜譜 cài pǔ」です。2つはまったく同じ意味なので、どちらを使っても大丈夫です。ちなみに、「楽譜」は「乐谱 yuè pǔ」と言います。

1
qǐng bǎ cài dān gěi wǒ kàn kan
请把菜单给我看看。
チン バー ツァイ ダン ゲイ ウオ カン カン

2
nín diǎn cài ma
您点菜吗?
ニィン ディエン ツァイ マ

3
fú wù yuán diǎn cài
服务员,点菜。
フゥー ウー ユアン ディエン ツァイ

4
yào yì píng pí jiǔ hé yì bēi guǒ zhī
要一瓶啤酒和一杯果汁。
ヤオ イー ピィン ピィー ヂウ ハー イー ベイ グゥオ ヂー

5
yào zhè ge zhè ge hé zhè ge
要这个,这个和这个。
ヤオ ヂァー ガ ヂァー ガ ハー ヂァー ガ

6
jiù yào zhè xiē le
就要这些了。
ヂゥ ヤオ ヂァー シィエ ラ

7
nín hái yào diǎnr shén me
您还要点儿什么?
ニィン ハイ ヤオ ディアル シェン マ

8
bié de bú yào le
别的不要了。
ビエ ダ ブー ヤオ ラ

第9章

173

注文する②

注文のフレーズをもう少し練習して
おきましょう。中国では食べ残した
料理を持ち帰るのが慣例です。

🎧 69

☐ **1** **どんな特別料理がありますか。**

▶「特色菜 tè sè cài」：特別料理

☐ **2** **地元料理はありますか。**

▶「本地 běn dì」：地元

☐ **3** **お勧め料理をいくつか教えてください。**

▶「推荐 tuī jiàn」：推奨する

☐ **4** **先にお茶をください。**

▶「上茶 shàng chá」：お茶を注ぐ

☐ **5** **白湯をください。**

▶「白开水 bái kāi shuǐ」：白湯

☐ **6** **食べられないものはありません。**

▶「忌口 jì kǒu」：食べられないもの

☐ **7** **私たちの料理が遅いのですが。**

▶「怎么还不来 zěn me hái bù lái」：どうしてまだ来ないのか

☐ **8** **これは持ち帰ります。**

▶「打包 dǎ bāo」：持ち帰る

中国語の「菜」は「野菜」と「料理」の2つの意味があります。「买菜 mǎi cài」は「野菜を買う」、「做菜 zuò cài」は「料理を作る」という意味です。どちらで使われているかは場面から判断しましょう。

1
yǒu shén me tè sè cài
有什么特色菜？
イオウ シェン マ タァー スァ ツァイ

2
yǒu běn dì fēng wèir de cài ma
有本地风味儿的菜吗？
イオウ ベン ディー フォン ウエイル ダ ツァイ マ

3
nǐ gěi wǒ men tuī jiàn jǐ dào cài ba
你给我们推荐几道菜吧。
ニー ゲイ ウオ メン トゥイ ヂィエン ヂー ダオ ツァイ バ

4
xiān gěi wǒ men shàng yì hú chá
先给我们上一壶茶。
シィエン ゲイ ウオ メン シァン イー ホゥ チャー

5
wǒ yào yì bēi bái kāi shuǐ
我要一杯白开水。
ウオ ヤオ イー ベイ バイ カイ シゥイ

6
wǒ méi yǒu jì kǒu
我没有忌口。
ウオ メイ イオウ ヂー コウ

7
wǒ men de cài zěn me hái bù lái
我们的菜怎么还不来？
ウオ メン ダ ツァイ ヅェン マ ハイ ブー ライ

8
zhè ge dǎ bāo
这个打包。
ヂァー ガ ダー バオ

第9章

料理の味

料理の味を表現するフレーズです。
接客係とのやりとりを想定して練習
しましょう。

🎧 70

□ **1** ## お味はいかがでしょうか。

▶「味道 wèi dào」：味

□ **2** ## お口に合いますか。

▶「口味 kǒu wèi」：(食べ物の)好み

□ **3** ## 美味しかったです。

▶「不错 bú cuò」：よい、すばらしい

□ **4** ## 美味しかったです。

▶「好吃 hǎo chī」：美味しい

□ **5** ## すごく美味しかったです。

▶「好极了 hǎo jí le」(すばらしい)を使う。

□ **6** ## ご満足いただけましたか。

▶「满意 mǎn yì」：満足する

□ **7** ## とても満足しています。

▶「吃 chī」(食べる)を使う。

□ **8** ## また来ます。

▶「以后 yǐ hòu」：今後、これから

表現のポイント

会話練習Check▶ 1 2 3 4 5

中国語の「**味道**」は日本語の「味」という意味で、「**好吃**」は「美味しい」という意味です。「**味道**」と「**好吃**」は一緒には使いません。「美味しい」を表現したいときは、「**味道很好**」または「**很好吃**」と言いましょう。

1
nín jué de wèi dào zěn me yàng
您 觉 得 味 道 怎 么 样 ？
ニィン ヂュエ ダ ウエイ ダオ ヅェン マ ヤン

2
hé nín de kǒu wèi ma
合 您 的 口 味 吗 ？
ハー ニィン ダ コウ ウエイ マ

3
wèi dào bú cuò
味 道 不 错 。
ウエイ ダオ ブー ツゥオ

4
tǐng hǎo chī de
挺 好 吃 的 。
ティン ハオ チー ダ

5
wèi dào hǎo jí le
味 道 好 极 了 。
ウエイ ダオ ハオ ヂー ラ

6
nín hái mǎn yì ma
您 还 满 意 吗 ？
ニィン ハイ マン イー マ

7
chī de hěn mǎn yì
吃 得 很 满 意 。
チー ダ ヘン マン イー

8
yǐ hòu huì cháng lái
以 后 会 常 来 。
イー ホウ ホゥイ チャン ライ

第9章

食事に誘う

人を食事に誘うフレーズも知っておきましょう。「おごる」「割り勘にする」なども言えると便利です。

□ 1 **一緒にランチに行きましょう。**
▶「午饭 wǔ fàn」：昼食、ランチ

□ 2 **一緒に和食を食べに行きましょう。**
▶「日餐 rì cān」：和食

□ 3 **あなたは何を食べたいですか。**

□ 4 **私は何でもいいです。**
▶「什么都行 shén me dōu xíng」：何でもいい

□ 5 **私は中華料理が好きです。**
▶「中餐 zhōng cān」：中華料理

□ 6 **すみません、会計をお願いします。**
▶「买单 mǎi dān」：勘定をする

□ 7 **今日は私のおごりです。**
▶「请客 qǐng kè」：おごる

□ 8 **割り勘にしましょう。**
▶「AA制 AA zhì」：割り勘にする

表現のポイント

「おごる」を中国語で言うと「**请客**」ですが、使い方がちょっと複雑です。食事だけではなく、「お金を出して招待する」という意味で使います。誰を招待するかを言わない場合は、「**我请客**」です。招待する人を表現する場合は「**我请＋人**」となります。例えば、「**我请他**」（彼におごる）です。

1
yì qǐ qù chī wǔ fàn ba
一 起 去 吃 午 饭 吧 。
イー チー チュイ チー ウー ファン バ

2
yì qǐ qù chī rì cān ba
一 起 去 吃 日 餐 吧 。
イー チー チュイ チー リー ツァン バ

3
nǐ xiǎng chī shén me
你 想 吃 什 么 ？
ニー シィアン チー シェン マ

4
wǒ chī shén me dōu xíng
我 吃 什 么 都 行 。
ウオ チー シェン マ ドウ シィン

5
wǒ xǐ huan chī zhōng cān
我 喜 欢 吃 中 餐 。
ウオ シー ホゥアン チー ヂォン ツァン

6
fú wù yuán mǎi dān
服 务 员 , 买 单 。
フゥー ウー ユアン マイ ダン

7
jīn tiān wǒ qǐng kè
今 天 我 请 客 。
ヂィン ティエン ウオ チィン カー

8
wǒ men A A zhì ba
我 们 Ａ Ａ 制 吧 。
ウオ メン エー エー ヂー バ

第9章

ファストフード

ファストフード店でのやりとりは
中国でも同じです。定型表現を覚
えておきましょう。

🎧72

☐ **1** **店内で召し上がりますか、お持ち帰りですか。**
　▶「带走 dài zǒu」：持ち帰る

☐ **2** **テイクアウトします。**

☐ **3** **店で食べます。**

☐ **4** **このセットをください。**
　▶「套餐 tào cān」：セット

☐ **5** **フライドポテトをください。**
　▶「炸薯条 zhá shǔ tiáo」：フライドポテト

☐ **6** **このハンバーガーとコーラをください。**
　▶「汉堡 hàn bǎo」：ハンバーガー　「可乐 kě lè」：コーラ

☐ **7** **コーラはLサイズをください。**
　▶「大的 dà de」：Lサイズ

☐ **8** **どれくらい待ちますか。**
　▶「多长时间 duō cháng shí jiān」：どれくらいの時間

表現のポイント

料理を注文する際によく使われるのは「要」という動詞です。注文する料理はその後に置き、「要＋注文する料理」という形です。また、注文したい料理を中国語で言えない場合、指でメニューを指しながら、「要这个」と言うだけでも大丈夫です。

1
nín zài diàn nèi yòng cān hái shi dài zǒu
您 在 店 内 用 餐 还 是 带 走？
ニィン ヅァイ ディエン ネイ イヨン ツァン ハイ シ ダイ ヅォウ

2
wǒ dài zǒu
我 带 走。
ウオ ダイ ヅォウ

3
wǒ zài diàn nèi chī
我 在 店 内 吃。
ウオ ヅァイ ディエン ネイ チー

4
yào zhè ge tào cān
要 这 个 套 餐。
ヤオ ヂァー ガ タオ ツァン

5
yào yí fènr zhá shǔ tiáo
要 一 份 儿 炸 薯 条。
ヤオ イー フェンル ヂァー シュー ティアオ

6
yào zhè ge hàn bǎo hé yì bēi kě lè
要 这 个 汉 堡 和 一 杯 可 乐。
ヤオ ヂァー ガ ハン バオ ハー イー ベイ カー ラー

7
kě lè yào dà de
可 乐 要 大 的。
カー ラー ヤオ ダー ダ

8
yào děng duō cháng shí jiān
要 等 多 长 时 间？
ヤオ デン ドゥォ チャン シー ヂィエン

第9章

181

カフェ

中国ではスターバックスほかカフェ
チェーン店がどこにでもあります。
カフェを楽しむフレーズです。

□ 1 近くにスターバックスはありますか。

▶「星巴克 xīng bā kè」：スターバックス

□ 2 この先にスターバックスがあります。

▶「前面 qián miàn」：この先

□ 3 近くに喫茶店があります。

▶「附近 fù jìn」：近く 「咖啡厅 kā fēi tīng」：喫茶店

□ 4 この喫茶店のコーヒーは美味しいです。

▶「好喝 hǎo hē」：（飲み物が）美味しい

□ 5 ハワイコーヒーを2つください。

▶「夏威夷咖啡 xià wēi yí kā fēi」：ハワイコーヒー

□ 6 デザートは何がありますか。

▶「甜点 tián diǎn」：デザート

□ 7 チョコレートケーキを1つください。

▶「巧克力蛋糕 qiǎo kè lì dàn gāo」：チョコレートケーキ

□ 8 一緒にアフタヌーンティーに行きましょう。

▶「下午茶 xià wǔ chá」：アフタヌーンティー

中国語で「美味しい」という言い方は2つあります。食べ物と飲み物で分けて表現するのです。食べ物は「**好吃**」、飲み物は「**好喝**」と言います。「吃」は「食べる」、「喝」は「飲む」という意味です。

1
fù jìn yǒu xīng bā kè ma
附近有星巴克吗？
フゥー ヂィン イオウ シィン バー カー マ

2
qián miàn jiù yǒu xīng bā kè
前面就有星巴克。
チィエン ミィエン ヂィウ イオウ シィン バー カー

3
fù jìn yǒu yì jiā kā fēi tīng
附近有一家咖啡厅。
フゥー ヂィン イオウ イー ヂィア カー フェイ ティン

4
zhè jiā kā fēi hěn hǎo hē
这家咖啡很好喝。
ヂァー ヂィア カー フェイ ヘン ハオ ハー

5
yào liǎng bēi xià wēi yí kā fēi
要两杯夏威夷咖啡。
ヤオ リィアン ベイ シィア ウエイ イー カー フェイ

6
yǒu shén me tián diǎn
有什么甜点？
イオウ シェン マ ティエン ディエン

7
yào yí ge qiǎo kè lì dàn gāo
要一个巧克力蛋糕。
ヤオ イー ガ チィアオ カー リー ダン ガオ

8
yì qǐ qù hē xià wǔ chá ba
一起去喝下午茶吧。
イー チー チュイ ハー シィア ウー チャー バ

フードデリバリー

中国のフードデリバリーは日本以上に普及しています。出前を取る相談をするフレーズを練習しましょう。

🎧74

□ **1** 出前を取ることができますよ。

▶「叫外卖 jiào wài mài」：出前を取る

□ **2** 私はいつも出前を頼みます。

▶「经常 jīng cháng」：いつも

□ **3** 近くに美味しい出前館がたくさんあります。

▶「附近 fù jìn」で始める

□ **4** この店はどうですか。

□ **5** 長く待ちますか。

▶「等很久 děng hěn jiǔ」：長く待つ

□ **6** 30分ほどで届けてくれます。

▶「半个小时 bàn ge xiǎo shí」：30分

□ **7** スマホで出前の注文ができるので便利です。

▶「手机 shǒu jī」：スマホ　「方便 fāng biàn」：便利だ

□ **8** 出前は何でもあります。

▶「要什么有什么 yào shén me yǒu shén me」：欲しいものは何でもある

表現のポイント

中国語の「**外卖**」(出前)は最近使うようになった言葉です。動詞は「**叫**」を使います。この場合は、「届けさせる」という意味です。ちなみに、中国のデリバリーは早くて安くて美味しいです。

1
kě yǐ jiào wài mài
可 以 叫 外 卖 。
カー イー ヂィアオ ワイ マイ

2
wǒ jīng cháng jiào wài mài
我 经 常 叫 外 卖 。
ウオ ヂィン チャン ヂィアオ ワイ マイ

3
fù jìn yǒu hěn duō hǎo chī de wài mài
附 近 有 很 多 好 吃 的 外 卖 。
フゥー ヂィン イオウ ヘン ドゥオ ハオ チー ダ ワイ マイ

4
zhè jiā zěn me yàng
这 家 怎 么 样 ？
ヂァー ヂィア ヴェン マ ヤン

5
yào děng hěn jiǔ ma
要 等 很 久 吗 ？
ヤオ デン ヘン ジィウ マ

6
bàn ge xiǎo shí jiù néng sòng lai
半 个 小 时 就 能 送 来 。
バン ガ シィアオ シー ジィウ ネン ソン ライ

7
yòng shǒu jī jiào wài mài hěn fāng biàn
用 手 机 叫 外 卖 很 方 便 。
イヨン シォウ ヂー ヂィアオ ワイ マイ ヘン ファン ビィエン

8
wài mài yào shén me yǒu shén me
外 卖 要 什 么 有 什 么 。
ワイ マイ ヤオ シェン マ イオウ シェン マ

第9章

単語コラム ⑨

食べ物

zǎo fàn
☐ **早饭** 朝食
ヅァオ ファン

wǔ fàn
☐ **午饭** 昼食
ウー ファン

wǎn fàn
☐ **晚饭** 夕食
ウアン ファン

zhōng cān
☐ **中餐** 中華料理
ヂォン ツァン

xī cān
☐ **西餐** 西洋料理
シー ツァン

rì cān
☐ **日餐** 和食
リー ツァン

chǎo fàn
☐ **炒饭** チャーハン
チャオ ファン

zhōu
☐ **粥** お粥
ヂォウ

miàn tiáo
☐ **面条** うどん
ミィエン ティアオ

miàn bāo
☐ **面包** パン
ミィエン バオ

bāo zi
☐ **包子** 肉まん
バオ ヅ

jiǎo zi
☐ **饺子** 餃子
ヂィアオ ヅ

guō tiē
☐ **锅贴** 焼き餃子
グゥオ ティエ

shāo mài
☐ **烧麦** シューマイ
シャオ マイ

電話・SNS

電話をかける①

中国語も電話会話には定番の表現があります。「もしもし」から「〜さんをお願いします」まで基本パターンを知っておきましょう。

□ 1 **もしもし、こんにちは。**
▶「喂 wéi」：もしもし

□ 2 **もしもし、どちら様でしょうか。**
▶「哪里 nǎ lǐ」を使う。

□ 3 **佐藤です。**

□ 4 **高橋さん（男性）でしょうか。**
▶「先生 xiān sheng」：〜さん（男性）

□ 5 **鈴木さん（女性）でしょうか。**
▶「女士 nǚ shì」：〜さん（女性）

□ 6 **どなたにご用でしょうか。**
▶「找 zhǎo」（求める）を使う。

□ 7 **王さん（男性）をお願いします。**

□ 8 **李さん（女性）をお願いします。**
▶「小姐 xiǎo jiě」：〜さん（女性）

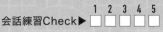

表現のポイント

会話練習Check▶ 1 2 3 4 5

中国語でも電話で使う表現はちょっと特別です。例えば、「**您找谁?**」。「**找**」は「探す」ですが、「どなたにご用でしょうか」の意味で使います。また、「**您是哪里?**」。「**哪里**」は「どこ?」ですが、「どちら様でしょうか」の意味で使います。

1
wéi nín hǎo
喂,您好。
ウエイ ニィン ハオ

2
wéi nín shì nǎ lǐ
喂,您是哪里?
ウエイ ニィン シー ナー リー

3
wǒ shì zuǒ téng
我是佐藤。
ウオ シー ヅゥオ テン

4
shì gāo qiáo xiān sheng ma
是高桥先生吗?
シー ガオ チィアオ シィエン ション マ

5
shì líng mù nǚ shì ma
是铃木女士吗?
シー リン ムー ニュイ シー マ

6
nín zhǎo shéi a
您找谁啊?
ニィン ヂャオ シェイ ア

7
wǒ zhǎo wáng xiān sheng
我找王先生。
ウオ ヂャオ ウアン シィエン ション

第10章

8
qǐng bāng wǒ jiào yí xià lǐ xiǎo jiě
请帮我叫一下李小姐。
チィン バン ウオ ヂィアオ イー シィア リー シィアオ ヂィエ

189

電話をかける②

電話をかける会話をもう少し練習しましょう。基本パターンやキーワードを上手に使いこなしましょう。

🎧 76

☐ **1** 朝早く電話してすみません。

▶「抱歉 bào qiàn」：すみません

☐ **2** 夜分申し訳ありません。

▶「打扰 dǎ rǎo」(邪魔をする)を使う。

☐ **3** 今、話しても大丈夫ですか。

▶「方便 fāng biàn」：都合がいい、大丈夫だ

☐ **4** 大丈夫です、どうぞ。

▶「没关系 méi guān xi」：大丈夫だ

☐ **5** 今、手が離せません。

▶「忙 máng」(忙しい)を使う。

☐ **6** 彼は出かけております。

▶「出去 chū qu」：出かける

☐ **7** 彼は会議中です。

▶「开会 kāi huì」：会議をする

☐ **8** 後ほどまたお電話ください。

▶「过一会儿 guò yí huìr」：後ほど

中国語で「誰が誰に電話をする」という言い方は「人＋给＋人＋電話表現」となります。「**我给她回电话**」とすれば「彼女に折り返し電話をする」という意味です。「単語コラム⑩」（p.200）にある電話表現を覚えておいて、活用してみましょう。

1

yí dà zǎo gěi nǐ dǎ diàn huà bào qiàn
一 大 早 给 你 打 电 话，抱 歉。

イー ダー ヅァオ ゲイ ニー ダー ディエン ホゥア バオ チィエン

2

duì bu qǐ zhè me wǎn dǎ rǎo nǐ
对 不 起，这 么 晚 打 扰 你。

ドゥイ ブー チー ヂァー マ ウアン ダー ラオ ニー

3

xiàn zài shuō huà fāng biàn ma
现 在 说 话 方 便 吗？

シィエン ヅァイ シゥオ ホゥア ファン ビィエン マ

4

méi guān xi nǐ shuō ba
没 关 系，你 说 吧。

メイ グゥアン シ ニー シゥオ バ

5

wǒ xiàn zài zhèng máng zhe ne
我 现 在 正 忙 着 呢。

ウオ シィエン ヅァイ ヂェン マン ヂァ ナ

6

tā chū qu le
他 出 去 了。

ター チゥー チュイ ラ

7

tā zhèng zài kāi huì
他 正 在 开 会。

ター ヂェン ヅァイ カイ ホゥイ

8

guò yí huìr nǐ zài dǎ lai ba
过 一 会 儿 你 再 打 来 吧。

グゥオ イー ホゥアル ニー ヅァイ ダー ライ バ

電話のやりとり

電話でやりとりをする基本的なフレーズです。「携帯電話」や「電話番号」など必須単語を覚えておきましょう。

□ 1 ## ご用件は何でしょうか。
▶「事 shì」：用件

□ 2 ## 急ぎのご用件でしょうか。
▶「急事 jí shì」：急ぎの用件

□ 3 ## あなたと相談したいことがあります。
▶「商量 shāng liang」：相談する

□ 4 ## お電話をお待ちしております。
▶「等 děng」：待つ

□ 5 ## 私の携帯電話にかけてください。
▶「手机 shǒu jī」：携帯電話

□ 6 ## これは私の携帯電話の番号です。
▶「号码 hào mǎ」：番号

□ 7 ## これは自宅の固定電話の番号です。
▶「座机 zuò jī」：固定電話

□ 8 ## 急用の場合、私の携帯にかけてください。

相手に用事があって電話をする際には、「**我有事**」(私は用事がある)と言います。急用の場合には「**我有急事**」(私は急用がある)です。この2つの言い方を覚えておくと便利でしょう。

1
nǐ yǒu shén me shì
你 有 什 么 事 ?
ニー イオウ シェン マ シー

2
nǐ yǒu jí shì ma
你 有 急 事 吗 ?
ニー イオウ ヂー シー マ

3
wǒ yǒu shì xiǎng gēn nǐ shāng liang
我 有 事 想 跟 你 商 量 。
ウオ イオウ シー シィアン ゲン ニー シァン リィアン

4
wǒ děng nǐ de diàn huà
我 等 你 的 电 话 。
ウオ デン ニー ダ ディエン ホゥア

5
nǐ dǎ wǒ de shǒu jī hǎo le
你 打 我 的 手 机 好 了 。
ニー ダー ウオ ダ シォウ ヂー ハオ ラ

6
zhè shì wǒ de shǒu jī hào mǎ
这 是 我 的 手 机 号 码 。
ヂァー シー ウオ ダ シォウ ヂー ハオ マー

7
zhè shì wǒ jiā de zuò jī hào mǎ
这 是 我 家 的 座 机 号 码 。
ヂァー シー ウオ ヂィア ダ ヅゥオ ヂー ハオ マー

8
yǒu jí shì jiù dǎ wǒ de shǒu jī
有 急 事 就 打 我 的 手 机 。
イオウ ヂー シー ヂィウ ダー ウオ ダ シォウ ヂー

伝言を残す・電話を終える

伝言を残したり、電話の会話を終える
フレーズです。「電話を切る」は日中の
漢字の意味の違いに注意！

🎧 78

☐ **1** ## 伝言をお願いします。

▶「留言 liú yán」：伝言をする

☐ **2** ## 必ずお伝えします。

▶「转告 zhuǎn gào」：報告する

☐ **3** ## 電話番号をお願いします。

▶「电话号码 diàn huà hào mǎ」：電話番号

☐ **4** ## 彼女に折り返し電話をするように伝えます。

▶「回电话 huí diàn huà」：折り返し電話をする

☐ **5** ## 遅いから切りますね。

▶「挂 guà」：電話を切る

☐ **6** ## 今日はここまでにしましょう。

▶「到这儿 dào zhèr」：ここまで

☐ **7** ## 大丈夫です。明日またお電話します。

▶「再打 zài dǎ」：また電話する

☐ **8** ## 先に切ってください。

日本語の「電話を掛ける」と中国語の「**挂电话**」では、「掛」と「**挂**」の漢字が似ています。しかし、両者の意味はまったく正反対です。中国語の「**挂电话**」は「電話を切る」という意味なので、注意して使いましょう。

1
qǐng nín liú yán
请您留言。
チィン ニィン リウ イエン

2
wǒ yí dìng zhuǎn gào
我一定转告。
ウオ イー ディン ヂュアン ガオ

3
nín de diàn huà hào mǎ shì duō shao
您的电话号码是多少？
ニィン ダ ディエン ホゥア ハオ マー シー ドゥオ シァオ

4
wǒ ràng tā gěi nín huí diàn huà
我让她给您回电话。
ウオ ラン ター ゲイ ニィン ホゥイ ディエン ホゥア

5
bù zǎo le guà le a
不早了。挂了啊。
ブー ヅァオ ラ　　グゥア ラ ア

6
jīn tiān jiù shuō dào zhèr ba
今天就说到这儿吧。
ヂィン ティエン ヂィウ シゥオ ダオ ヂャール バ

7
méi guān xi wǒ míng tiān zài dǎ
没关系，我明天再打。
メイ グゥアン シ　ウオ ミィン ティエン ヅァイ ダー

8
nǐ xiān guà ba
你先挂吧。
ニー シィエン グゥア バ

第10章

195

SNSを使う①

中国のSNSの代表はWeChat（微信）
です。SNSを使いこなすフレーズを練習
しましょう。

🎧79

□ **1** **WeChatのアカウントを持っていますか。**

▶「微信号 wēi xìn hào」：WeChatのアカウント

□ **2** **WeChatの友達登録をしましょう。**

▶「加微信 jiā wēi xìn」(WeChatの)友達登録をする

□ **3** **これからWeChatで連絡を取り合いましょう。**

▶「联络 lián luò」：連絡する

□ **4** **さっき彼女からメッセージが届きました。**

▶「信息 xìn xī」：メッセージ

□ **5** **後で返信します。**

▶「回复 huí fù」：返信する

□ **6** **フォローしてください。**

▶「关注 guān zhù」：フォローする

□ **7** **彼はフォロワーをたくさん持っています。**

▶「粉丝 fěn sī」：フォロワー

□ **8** **彼女は有名なインフルエンサーです。**

▶「网红 wǎng hóng」：インフルエンサー

「微信」はLINEの中国版です。LINEとほぼ同じ機能を持っています。お互いに連絡を取り合うだけでなく、電子マネー機能を使って日々の買い物で利用することもできます。「微信」と「支付宝」(アリペイ)は中国人にとって二大支払い手段です。

1

nǐ yǒu wēi xìn hào ma
你 有 微 信 号 吗 ？
ニー イオウ ウエイ シィン ハオ マ

2

wǒ men jiā wēi xìn ba
我 们 加 微 信 吧 。
ウオ メン ヂィア ウエイ シィン バ

3

yǐ hòu jiù yòng wēi xìn lián luò
以 后 就 用 微 信 联 络 。
イー ホウ ヂィウ イヨン ウエイ シィン リィエン ルオ

4

tā gāng gěi wǒ fā le ge xìn xī
她 刚 给 我 发 了 个 信 息 。
ター ガン ゲイ ウオ ファー ラ ガ シィン シー

5

guò yí huìr huí fù nǐ
过 一 会 儿 回 复 你 。
グゥオ イー ホゥアル ホゥイ フゥー ニー

6

qǐng guān zhù yí xià
请 关 注 一 下 。
チィン グゥアン ヂゥー イー シィア

7

tā yǒu hěn duō fěn sī
他 有 很 多 粉 丝 。
ター イオウ ヘン ドゥオ フェン スー

8

tā shì yǒu míng de wǎng hóng
她 是 有 名 的 网 红 。
ター シー イオウ ミィン ダ ウアン ホン

第10章

SNSを使う②

SNSに独特の表現があるのは中国語も変わりません。キーになる表現を覚えながら、SNSについて話してみましょう。

🎧 80

□ 1 **私は彼女のファンです。**
▶「粉丝 fěn sī」：ファン

□ 2 **彼女はいつもモーメンツで発信しています。**
▶「发朋友圈 fā péng you quān」：モーメンツで発信する

□ 3 **SNSで拡散されました。**
▶「传开 chuán kāi」：拡散する

□ 4 **多くの人が彼に「いいね」を押しました。**
▶「点赞 diǎn zàn」：「いいね」を押す

□ 5 **このアプリをダウンロードしてください。**
▶「下载 xià zài」：ダウンロードする 「软件 ruǎn jiàn」：アプリ

□ 6 **この動画はすごく面白いです。**
▶「小视频 xiǎo shì pín」：動画 「好笑 hǎo xiào」：面白い

□ 7 **彼女とはネット友達です。**
▶「网友 wǎng you」：ネット友達

□ 8 **これらはフェイクニュースです。**
▶「假新闻 jiǎ xīn wén」：フェイクニュース

インターネットは中国語で「**互联网**」、省略して「**网**」と言います。最近では、「网+○○」の言葉がたくさんあります。「**网购**」(ネットショッピング)、「**网友**」(ネット友達)、「**网恋**」(ネット恋愛)、「**网银**」(ネットバンキング)等々。

1
wǒ shì tā de fěn sī
我 是 她 的 粉 丝 。
ウオ シー ター ダ フェン スー

2
tā jīng cháng fā péng you quān
她 经 常 发 朋 友 圈 。
ター ヂィン チァン ファー ペン イオウ チュアン

3
wǎng shang dōu chuán kāi le
网 上 都 传 开 了 。
ウアン シァン ドウ チュアン カイ ラ

4
hěn duō rén wèi tā diǎn zàn
很 多 人 为 他 点 赞 。
ヘン ドゥオ レン ウエイ ター ディエン ヅァン

5
xià zài zhè ge ruǎn jiàn
下 载 这 个 软 件 。
シィア ヅァイ ヂァー ガ ルゥアン ヂィエン

6
zhè ge xiǎo shì pín fēi cháng hǎo xiào
这 个 小 视 频 非 常 好 笑 。
ヂァー ガ シィアオ シー ピィン フェイ チァン ハオ シィアオ

7
wǒ gēn tā shì wǎng you
我 跟 她 是 网 友 。
ウオ ゲン ター シー ウアン イオウ

8
zhè xiē dōu shì jiǎ xīn wén
这 些 都 是 假 新 闻 。
ヂァー シィエ ドウ シー ヂィア シィン ウエン

単語コラム ⑩

電話表現

□ **打电话** 電話をかける
dǎ diàn huà
ダー ディエン ホゥア

□ **去电话** 電話をする
qù diàn huà
チュイ ディエン ホゥア

□ **来电话** 電話が来る
lái diàn huà
ライ ディエン ホゥア

□ **接电话** 電話に出る
jiē diàn huà
ヂィエ ディエン ホゥア

□ **挂電話** 電話を切る
guà diàn huà
グゥア ディエン ホゥア

□ **关机** 電源を切る
guān jī
グゥアン ヂー

□ **回电话** 折り返し電話をする
huí diàn huà
ホゥイ ディエン ホゥア

□ **再打电话** 再度電話をかける
zài dǎ diàn huà
ヴァイ ダー ディエン ホゥア

□ **占线** 話し中
zhàn xiàn
ヂャン シィエン

□ **没人接** 誰も出ない
méi rén jiē
メイ レン ヂィエ

□ **等电话** 電話を待つ
děng diàn huà
デン ディエン ホゥア

□ **打错了** かけ間違いだ
dǎ cuò le
ダー ツゥオ ラ

🎧 Track **81 ～ 90**

UNIT
81

搭乗する

旅行会話はキーワードを知って
おけば難しくありません。まず飛
行機に搭乗するシーンから練習
しましょう。

□ 1 **日本航空の搭乗手続きはどこですか。**
   ▶「登机手续 dēng jī shǒu xù」:搭乗手続き

□ 2 **パスポートをご提示ください。**
   ▶「出示 chū shì」:提示する 「护照 hù zhào」:パスポート

□ 3 **身分証明書をご提示ください。**
   ▶「证件 zhèng jiàn」:身分証明書

□ 4 **預ける荷物が2つあります。**
   ▶「托运行李 tuō yùn xíng li」:預け入れ荷物

□ 5 **窓側の座席をお願いします。**
   ▶「靠窗户的座位 kào chuāng hu de zuò wèi」:窓側の席

□ 6 **充電コーナーはどこですか。**
   ▶「充电座 chōng diàn zuò」:充電コーナー

□ 7 **バリアフリーのお手洗いはどこですか。**
   ▶「无障碍卫生间 wú zhàng ài wèi shēng jiān」:バリアフリーのお手洗い

□ 8 **搭乗口はE25です。**
   ▶「登机口 dēng jī kǒu」:搭乗口

日本語の「提示する」は、中国語では「出示」と言います。提示する書類などはその後に置きます。また、場所を探す場合は「探す場所＋在哪儿?」とたずねればいいでしょう。案内板などで探す場所を指で示して「在哪儿?」と言うだけでも大丈夫です。

1
rì háng de dēng jī shǒu xù zài nǎr bàn
日航的登机手续在哪儿办?
リー ハン ダ デン ヂー シォウ シュイ ヅァイ ナール バン

2
qǐng chū shì nín de hù zhào
请出示您的护照。
チン チウー シー ニィン ダ ホゥ ヂャオ

3
qǐng chū shì nín de zhèng jiàn
请出示您的证件。
チン チウー シー ニィン ダ ヂェン ヂィエン

4
yǒu liǎng ge tuō yùn xíng li
有两个托运行李。
イオウ リィアン ガ トゥオ ユン シィン リ

5
yào kào chuāng hu de zuò wèi
要靠窗户的座位。
ヤオ カオ チュアン ホゥ ダ ヅゥオ ウエイ

6
chōng diàn zuò zài nǎr
充电座在哪儿?
チォン ディエン ヅゥオ ヅァイ ナール

7
wú zhàng ài wèi shēng jiān zài nǎr
无障碍卫生间在哪儿?
ウー ヂャン アイ ウエイ ション ヂィエン ヅァイ ナール

8
dēng jī kǒu zài E èr shi wǔ
登机口在E25。
デン ヂー コウ ヅァイ イー アル シ ウー

入出国する

入出国審査で使う会話フレーズです。係官が提示を求める書類については聞き取れれば十分です。

🔊 82

☐ 1
外国人の手続きはこちらです。
▶「外国人 wài guó rén」：外国人

☐ 2
観光で来ました。
▶「观光 guān guāng」：観光する

☐ 3
仕事で来ました。
▶「工作 gōng zuò」：仕事をする

☐ 4
私のビザはここです。
▶「签证 qiān zhèng」：ビザ

☐ 5
入国申告書にご記入ください。
▶「入境申报表 rù jìng shēn bào biǎo」：入国申告書

☐ 6
パスポートと搭乗券をご提示ください。
▶「护照 hù zhào」：パスポート　「登机牌 dēng jī pái」：搭乗券

☐ 7
こちらが私のパスポートと航空券です。
▶「机票 jī piào」：航空券

☐ 8
荷物はどこで受け取るのですか。
▶「提取 tí qǔ」：受け取る　「行李 xíng li」：荷物

中国では、空港や銀行、高速鉄道のチケット売り場などの窓口で「**请出示证件**」というメッセージをよく目にします。「**请出示**」は「見せてください」、「**证件**」は「身分証明書」という意味です。中国人は「**身份证**」（IDカード）、外国人は「**护照**」（パスポート）を提示することになります。

---

wài guó rén qǐng dào zhè bian
1 外 国 人 请 到 这 边 。
ワイ グゥオ レン チィン ダオ ヂァー ビィエン

---

wǒ lái guān guāng
2 我 来 观 光 。
ウオ ライ グゥアン グゥアン

---

wǒ lái gōng zuò
3 我 来 工 作 。
ウオ ライ ゴゥン ヅゥオ

---

wǒ de qiān zhèng zài zhèr
4 我 的 签 证 在 这 儿 。
ウオ ダ チィエン ヂェン ヅァイ ヂァール

---

qǐng tián bào rù jìng shēn bào biǎo
5 请 填 报 入 境 申 报 表 。
チィン ティエン バオ ルゥー ヂィン シェン バオ ビィアオ

---

qǐng chū shì hù zhào hé dēng jī pái
6 请 出 示 护 照 和 登 机 牌 。
チィン チゥー シー ホゥ ヂャオ ハー デン ヂー パイ

---

zhè shì wǒ de hù zhào hé jī piào
7 这 是 我 的 护 照 和 机 票 。
ヂァー シー ウオ ダ ホゥ ヂャオ ハー ヂー ピィアオ

---

zài nǎr tí qǔ xíng li
8 在 哪 儿 提 取 行 李 ?
ヅァイ ナール ティー チュイ シィン リ

機内で

飛行機の中で快適に過ごすための
フレーズです。客室乗務員には簡単
なフレーズで望みのことを伝えられ
ます。

🎧 83

☐ **1** ## 通路側の座席に換えたいのですが。
▶「过道 guò dào」：通路 「换 huàn」：換える

☐ **2** ## テーブルを使ってもいいですか。
▶「小桌板 xiǎo zhuō bǎn」：(小)テーブル

☐ **3** ## 毛布をください。
▶「毛毯 máo tǎn」：毛布

☐ **4** ## 枕をください。
▶「小枕头 xiǎo zhěn tou」：枕

☐ **5** ## 日本語の新聞はありますか。
▶「日文的报纸 rì wén de bào zhǐ」：日本語の新聞

☐ **6** ## このイヤホンは壊れているみたいです。
▶「耳机 ěr jī」：イヤホン 「坏了 huài le」：壊れた

☐ **7** ## ちょっと気分が悪いです。
▶「不舒服 bù shū fu」：気分が悪い

☐ **8** ## すみません、通してください。
▶「让 ràng」：(道を)あける

表現のポイント　　　　　　　会話練習Check▶ □□□□□

機内で何か欲しいものがあって、それを客室乗務員に伝えたい場合、最も簡単な言い方は「**请给我**＋欲しいもの」（○○をください）です。「**请给我啤酒**」なら「ビールをください」です。機内で必要なものの単語を調べておくといいでしょう。

1
wǒ xiǎng huàn kào guò dào de zuò wèi
我 想 换 靠 过 道 的 座 位 。
ウオ シィアン ホウアン カオ グウオ ダオ ダ ヅゥオ ウエイ

2
kě yǐ shǐ yòng xiǎo zhuō bǎn ma
可 以 使 用 小 桌 板 吗 ？
カー イー シー イヨン シィアオ ヂゥオ バン マ

3
qǐng gěi wǒ yì tiáo máo tǎn
请 给 我 一 条 毛 毯 。
チィン ゲイ ウオ イー ティアオ マオ タン

4
qǐng gěi wǒ yí ge xiǎo zhěn tou
请 给 我 一 个 小 枕 头 。
チィン ゲイ ウオ イー ガ シィアオ ヂェン トウ

5
yǒu rì wén de bào zhǐ ma
有 日 文 的 报 纸 吗 ？
イオウ リー ウエン ダ バオ ヂー マ

6
zhè ge ěr jī hǎo xiàng huài le
这 个 耳 机 好 像 坏 了 。
ヂァー ガ アル ヂー ハオ シィアン ホゥアイ ラ

7
wǒ yǒu diǎnr bù shū fu
我 有 点 儿 不 舒 服 。
ウオ イオウ ディアル ブー シュー フゥ

8
láo jià ràng yí xià
劳 驾 ， 让 一 下 。
ラオ ヂィア ラン イー シィア

ホテルで

ホテルに宿泊するときに必要なフレーズを練習しましょう。中国のホテルではデポジットを求められることがあります。

🎧84

☐ **1** チェックインをお願いします。

▶「入住手续 rù zhù shǒu xù」：チェックイン（手続き）

☐ **2** ネットで部屋を予約しました。

▶「预定 yù dìng」：予約する

☐ **3** Wi-Fiのパスワードを教えてください。

▶「密码 mì mǎ」：パスワード

☐ **4** デポジットが必要ですか。

▶「预付金 yù fù jīn」：デポジット

☐ **5** 部屋はグレードアップできますか。

▶「升级 shēng jí」：グレードアップする

☐ **6** チェックアウトをお願いします。

▶「退房手续 tuì fáng shǒu xù」：チェックアウト（手続き）

☐ **7** 空港までのシャトルバスはありますか。

▶「去机场的班车 qù jī chǎng de bān chē」：空港へのシャトルバス

☐ **8** タクシーを呼んでもらえますか。

▶「出租车 chū zū chē」：タクシー

最近、中国のホテルでは、資源節約のために、使い捨ての歯ブラシやカミソリ等を置かないようになっています。ホテルを予約する際、またはチェックインする際に必要だと伝えれば、きちんと用意してくれます。

1

wǒ yào bàn rù zhù shǒu xù

我 要 办 入 住 手 续 。

ウオ ヤオ バン ルゥー ヂゥー シォウ シュイ

2

wǒ zài wǎng shang yù dìng le fáng jiān

我 在 网 上 预 定 了 房 间 。

ウオ ヅァイ ウアン シャン ユイ ディン ラ ファン ヂィエン

3

wifi de mì mǎ shì duō shao

Wifi 的 密 码 是 多 少 ？

ワイ ファイ ダ ミー マー シー ドゥオ シアオ

4

yào yù fù jīn ma

要 预 付 金 吗 ？

ヤオ ユイ フゥー ヂィン マ

5

fáng jiān kě yǐ shēng jí ma

房 间 可 以 升 级 吗 ？

ファン ヂィエン カー イー ション ヂー マ

6

wǒ yào bàn tuì fáng shǒu xù

我 要 办 退 房 手 续 。

ウオ ヤオ バン トゥイ ファン シォウ シュイ

7

yǒu qù jī chǎng de bān chē ma

有 去 机 场 的 班 车 吗 ？

イオウ チュイ ヂー チャン ダ バン チャー マ

8

bāng wǒ jiào yí liàng chū zū chē

帮 我 叫 一 辆 出 租 车 。

バン ウオ ディアオ イー リィアン チゥー ヅゥ チャー

□ **1** **日帰りツアーはありますか。**

▶「一日游 yí rì yóu」：日帰りツアー

□ **2** **どんな観光スポットがありますか。**

▶「观光景点 guān guāng jǐng diǎn」：観光スポット

□ **3** **観光案内をください。**

▶「导游指南 dǎo yóu zhǐ nán」：観光案内

□ **4** **これは日本語の観光案内です。**

□ **5** **出発は何時ですか。**

▶「出发 chū fā」：出発する

□ **6** **ホテルのロビーに集合です。**

▶「大厅 dà tīng」：ロビー

□ **7** **入場券込みです。**

▶「包括 bāo kuò」：含む

□ **8** **日本語が話せるガイドがいます。**

▶「导游 dǎo yóu」：ガイド

日本では旅行の日数は「〇泊〇日」と言うのが一般的ですが、中国では日にちだけを数え、宿泊数を明記しないことが多いです。例えば「**五日游**」なら「四泊五日」ということです。

1
yǒu yí rì yóu ma
有 一 日 游 吗？
イオウ イー リー イオウ マ

2
yǒu nǎ xiē guān guāng jǐng diǎn
有 哪 些 观 光 景 点？
イオウ ナー シィエ グゥアン グゥアン ヂィン ディエン

3
qǐng gěi wǒ yì zhāng dǎo yóu zhǐ nán
请 给 我 一 张 导 游 指 南。
チィン ゲイ ウオ イー ヂャン ダオ イオウ ヂー ナン

4
zhè shì rì wén de dǎo yóu zhǐ nán
这 是 日 文 的 导 游 指 南。
ヂァー シー リー ウエン ダ ダオ イオウ ヂー ナン

5
jǐ diǎn chū fā
几 点 出 发？
ヂー ディエン チゥー ファー

6
zài jiǔ diàn de dà tīng jí hé
在 酒 店 的 大 厅 集 合。
ヅァイ ヂゥ ディエン ダ ダー ティン ヂー ハー

7
bāo kuò rù chǎng quàn
包 括 入 场 券。
バオ クゥオ ルゥー チャン チュアン

8
yǒu huì jiǎng rì wén de dǎo yóu
有 会 讲 日 文 的 导 游。
イオウ ホゥイ ヂィアン リー ウエン ダ ダオ イオウ

観光する②

観光で使う会話フレーズをもう少し練習しましょう。人に何かをお願いするフレーズを使いこなしましょう。

□ **1** 音声案内をお借りできますか。
▶「语音导览 yǔ yīn dǎo lǎn」：音声案内

□ **2** 市内地図をいただけますか。
▶「本市地图 běn shì dì tú」：市内地図

□ **3** お勧めの観光スポットはどこですか。
▶「旅游热点 lǚ yóu rè diǎn」：お勧め観光スポット

□ **4** 故宮にはどうやって行けばいいですか。
▶「故宫 gù gōng」：故宮

□ **5** 大人の入場券を1枚ください。
▶「成人票 chéng rén piào」：大人の入場券

□ **6** 写真を撮っていただけますか。
▶「照张相 zhào zhāng xiàng」：写真を撮る

□ **7** これが入るように撮ってください。
▶「照进去 zhào jìn qu」：入るように撮る

□ **8** もう1枚お願いします。

他の人に何かをお願いするときには、「**帮我**＋してほしい事＋**好吗?**」（〜を手伝ってもらえますか）という表現が便利です。例えば、「**帮我买票好吗?**」（切符を買うのを手伝ってもらえますか）のように使います。

1
wǒ yào yǔ yīn dǎo lǎn
我要语音导览。
ウオ ヤオ ユイ イン ダオ ラン

2
wǒ yào yì zhāng běn shì dì tǔ
我要一张本市地图。
ウオ ヤオ イー ヂャン ベン シー ディー トゥー

3
yǒu shén me lǚ yóu rè diǎn
有什么旅游热点?
イオウ シェン マ リュイ イオウ ラー ディエン

4
qù gù gōng zěn me zǒu
去故宫怎么走?
チュイ グー ゴゥン ヅェン マ ヅォウ

5
wǒ yào yì zhāng chéng rén piào
我要一张成人票。
ウオ ヤオ イー ヂャン チェン レン ピィアオ

6
bāng wǒ zhào zhāng xiàng hǎo ma
帮我照张相好吗?
バン ウオ ヂャオ ヂャン シィアン ハオ マ

7
qǐng bǎ zhè ge zhào jìn qu
请把这个照进去。
チィン バー ヂァー ガ ヂャオ ヂィン チュイ

8
qǐng zài zhào yì zhāng
请再照一张。
チィン ヅァイ ヂャオ イー ヂャン

第11章

213

美術館・博物館

美術館や展覧会を楽しむためのフレーズです。写真撮影の可否を聞くフレーズは必須です。

🎧 87

☐ **1** 今どんな展覧会がありますか。
▶「展览 zhǎn lǎn」：展覧会

☐ **2** 博物館で恐竜展が行われています。
▶「博物馆 bó wù guǎn」：博物館　「恐龙展 kǒng lóng zhǎn」：恐竜展

☐ **3** 今、兵馬俑の展示会があります。
▶「兵马俑展 bīng mǎ yǒng zhǎn」：兵馬俑の展示会

☐ **4** これは書道展です。
▶「书法展 shū fǎ zhǎn」：書道展

☐ **5** チケットはどこで購入するのですか。
▶「门票 mén piào」：チケット

☐ **6** 写真撮影はできますか。
▶「拍照 pāi zhào」：写真撮影する

☐ **7** 館内では写真撮影禁止です。
▶「禁止 jìn zhǐ」：禁止する

☐ **8** 館内ではスマホの使用は禁止です。
▶「手机 shǒu jī」：スマホ

表現のポイント

切符のことは中国語で「票 piào」と言って、何の切符かは「〇〇票」と表します。例えば、「车票」(電車の切符)、「飞机票」(航空券)のように使います。美術館や遊園地、コンサート等のチケットは「门票」と言います。「门」は「ドア」の意味です。

1
xiàn zài yǒu shén me zhǎn lǎn
现在有什么展览？
シィエン ヅァイ イオウ シェン マ ヂャン ラン

2
bó wù guǎn yǒu kǒng lóng zhǎn
博物馆有恐龙展。
ボー ウー グゥアン イオウ クゥン ロン ヂャン

3
xiàn zài yǒu bīng mǎ yǒng zhǎn
现在有兵马俑展。
シィエン ヅァイ イオウ ビン マー イヨン ヂャン

4
zhè shì shū fǎ zhǎn
这是书法展。
ヂァー シー シュー ファー ヂャン

5
mén piào zài nǎr mǎi
门票在哪儿买？
メン ピィアオ ヅァイ ナール マイ

6
kě yǐ pāi zhào ma
可以拍照吗？
カー イー パイ ヂャオ マ

7
guǎn nèi jìn zhǐ pāi zhào
馆内禁止拍照。
グゥアン ネイ ヂィン ヂー パイ ヂャオ

8
guǎn nèi jìn zhǐ shǐ yòng shǒu jī
馆内禁止使用手机。
グゥアン ネイ ヂィン ヂー シー イヨン シォウ ヂー

バス・電車に乗る

バスや電車に乗るときに使うフレーズです。行き先を言ったり、行き方を聞いたりする必須フレーズがあります。

□ **1** **自動券売機はどこですか。**
▶「自动售票机 zì dòng shòu piào jī」:自動券売機

□ **2** **王府井へは(電車・バスで)どう行くのですか。**
▶「坐车 zuò chē」(乗る)を使う。

□ **3** **この電車(バス)は王府井に行きますか。**

□ **4** **王府井までの切符を1枚ください。**
▶「车票 chē piào」:切符

□ **5** **どこで降りますか。**
▶「下车 xià chē」:降りる

□ **6** **何駅乗りますか。**
▶「站 zhàn」:駅

□ **7** **着きました。降りてください。**
▶「到了 dào le」:着いた

□ **8** **バス停はここから遠いですか。**
▶「离 lí」:〜から 「远 yuǎn」:遠い

バスに乗ってどこかへ行きたい、しかし、どのバスに乗っていいかわからない。そんな場合には「**我去＋場所**」（〜へ行きます）と言いましょう。例えば、王府井に行く場合には「**我去王府井**」と言います。

1
zì dòng shòu piào jī zài nǎr
自动售票机在哪儿？
ヅードゥンショウピィアオヂーヅァイナール

2
qù wáng fǔ jǐng zěn me zuò chē
去王府井怎么坐车？
チュイウアンフヂィンヅェンマヅゥオチャー

3
zhè chē dào wáng fǔ jǐng ma
这车到王府井吗？
ヂァーチャーダオウアンフーヂィンマ

4
yào yì zhāng qù wáng fǔ jǐng de chē piào
要一张去王府井的车票。
ヤオイーヂャンチュイウアンフーヂィンダチャーピィアオ

5
zài nǎr xià chē
在哪儿下车？
ヅァイナールシィアチャー

6
zuò jǐ zhàn
坐几站？
ヅゥオヂーヂャン

7
dào le qǐng xià chē
到了，请下车。
ダオラ　　チィンシィアチャー

8
gōng jiāo chē zhàn lí zhèr yuǎn ma
公交车站离这儿远吗？
ゴゥンヂィアオチャーヂャンリーヂァールユアンマ

タクシーに乗る

観光ではタクシーに乗る機会が多いものです。タクシーの運転手との会話を練習しておきましょう。

🎧 89

□ 1 **ヒルトンホテルまでお願いします。**

▶「希尔顿酒店 xī ěr dùn jiǔ diàn」：ヒルトンホテル

□ 2 **近くのスーパーに行ってください。**

▶「超市 chāo shì」：スーパー

□ 3 **どれくらい時間がかかりますか。**

▶「多长时间 duō cháng shí jiān」：どれくらいの時間

□ 4 **ここで降ります。**

▶「下 xià」：降りる

□ 5 **ここでしばらく待っていてください。**

▶「等 děng」：待つ　「一会ル yí huìr」：しばらく

□ 6 **いくらですか。**

▶「多少 duō shao」を使う。

□ 7 **トランクを開けてください。**

▶「后备箱 hòu bèi xiāng」：トランク

□ 8 **レシートをください。**

▶「发票 fā piào」：レシート

タクシーに乗車して「〜へ行ってください」と言うとき、中国語では「去+行きたい場所」というフレーズをよく使います。「去」の後ろにホテル名や店の名前を言えばいいのです。ほとんどのタクシーは現金ではなく、電子マネーで支払いをします。

1
qù xī ěr dùn jiǔ diàn
去希尔顿酒店。
チュイ シー アル ドゥン ジィウ ディエン

2
qù fù jìn de chāo shì
去附近的超市。
チュイ フゥー ヂィン ダ チャオ シー

3
yào duō cháng shí jiān
要多长时间？
ヤオ ドゥオ チャン シー ヂィエン

4
zài zhèr xià
在这儿下。
ヴァイ ヂァール シィア

5
zài zhèr děng wǒ yí huìr
在这儿等我一会儿。
ヴァイ ヂァール デン ウオ イー ホゥアル

6
duō shao qián
多少钱？
ドゥオ シァオ チィエン

7
qǐng bǎ hòu bèi xiāng dǎ kāi
请把后备箱打开。
チン バー ホウ ベイ シィアン ダー カイ

8
qǐng gěi wǒ fā piào
请给我发票。
チン ゲイ ウオ ファー ピィアオ

料金を支払う

中国でのお金の支払いはキャッシュレスが主流ですが、キャッシュレス・現金の両方のパターンを練習しておきましょう。

🎧 90

□ **1**
お支払いはどうされますか。
▶「支付 zhī fù」：支払う

□ **2**
アリペイで支払えますか。
▶「支付宝 zhī fù bǎo」：アリペイ

□ **3**
WeChatペイで支払えますか
▶「微信支付 wēi xìn zhī fù」：WeChatペイ

□ **4**
現金で支払えますか。
▶「现金 xiàn jīn」：現金

□ **5**
すみません、小銭がありません。
▶「零钱 líng qián」：小銭

□ **6**
銀聯カードでお願いします。
▶「银联卡 yín lián kǎ」：銀聯カード

□ **7**
QRコードを読み込んでください。
▶「扫码 sǎo mǎ」：(QRコードを)読み込む

□ **8**
QRコードをご提示ください。
▶「二维码 èr wéi mǎ」：QRコード

中国から現金が消えつつあると最近よく耳にしますが、電子マネーでの支払いは急速に普及しています。「**支付宝**」(アリペイ)と「**微信**」(WeChat)は二大電子マネーです。例えば、「**我用支付宝**」(アリペイで支払います)のように言います。

1
nín zěn me zhī fù
您 怎 么 支 付 ?
ニィン ヅェン マ ヂー フゥー

2
kě yǐ yòng zhī fù bǎo ma
可 以 用 支 付 宝 吗 ?
カー イー イヨン ヂー フゥー バオ マ

3
kě yǐ yòng wēi xìn zhī fù ma
可 以 用 微 信 支 付 吗 ?
カー イー イヨン ウエイ シィン ヂー フゥー マ

4
kě yǐ yòng xiàn jīn ma
可 以 用 现 金 吗 ?
カー イー イヨン シィエン ヂィン マ

5
duì bu qǐ wǒ méi yǒu líng qián
对 不 起 , 我 没 有 零 钱 。
ドゥイ ブ チー 　　 ウオ メイ イオウ リン チィエン

6
wǒ yòng yín lián kǎ
我 用 银 联 卡 。
ウオ イヨン イン リィエン カー

7
qǐng sǎo mǎ
请 扫 码 。
チン サオ マー

8
qǐng chū shì èr wéi mǎ
请 出 示 二 维 码 。
チン チゥー シー アル ウエイ マー

単語コラム⑪

マネー

□ **人民币** rén mín bì / レン ミン ビー　人民元

□ **港币** gǎng bì / ガン ビー　香港ドル

□ **台币** tái bì / タイ ビー　台湾ドル

□ **日元** rì yuán / リー ユアン　日本円

□ **美金** měi jīn / メイ ヂン　米ドル

□ **欧元** ōu yuán / オウ ユアン　ユーロ

□ **外汇** wài huì / ワイ ホゥイ　外貨

□ **银行** yín háng / イン ハン　銀行

□ **账号** zhàng hào / ヂャン ハオ　口座番号

□ **存折** cún zhé / ツゥン ヂァー　通帳

□ **用户** yòng hù / イヨン ホゥ　加入者、ユーザー

□ **密码** mì mǎ / ミー マー　暗証番号

□ **利息** lì xī / リー シー　利息

□ **自动提款机** zì dòng tí kuǎn jī / ヅー ドゥン ティー クゥアン ヂー　ATM

222

日本語
逆比き索引

中国語フレーズの日本語訳をあいうえお順の索引にしています。話したいフレーズを日本語から検索するのにご利用ください。

そ

た

せ

232

233

な

に

著者紹介

王 丹　Wang Dan

　　北京生まれ。1984年、北京第二外国語学院日本語科卒業。1992年、大分大学大学院経済学科修士課程修了。1995年よりNHK報道局「チャイナ・ナウ」番組の直属通訳、NHKスペシャル、衛星ハイビジョン特集番組、「アジア・ナウ」番組の通訳を経て、2001年4月より国士舘大学非常勤講師。主な著書：『新ゼロからスタート中国語　文法編』、『新ゼロからスタート中国語　文法応用編』、『新ゼロからスタート中国語　会話編』、『新ゼロからスタート中国語単語 BASIC1000』(以上、Jリサーチ出版)など。

カバーデザイン／本文DTP	TOMO
カバー・本文イラスト	福田哲史
編集協力	成重 寿
ダウンロード音声制作	一般財団法人　英語教育協議会(ELEC)
ナレーター	李洵／毛興華／水月優希

本書へのご意見・ご感想は下記URLまでお寄せください。
https://www.jresearch.co.jp/contact/

新ゼロからスタート中国語会話 基本フレーズ720

令和6年(2024年)7月10日　初版第1刷発行

著　者	王 丹
発行人	福田富与
発行所	有限会社Jリサーチ出版
	〒166-0002 東京都杉並区高円寺北2-29-14-705
	電　話 03(6808)8801(代表)　　FAX 03(5364)5310
	編集部 03(6808)8806
	URL https://www.jresearch.co.jp
印刷所	(株)シナノ パブリッシング プレス